提升幸福力，幸福常相隨

邏輯思維開啟你的幸福之門

主　編 胡曉萍

副主編 龔檣、羅琴、羅江

崧燁文化

人生會有很多願望，所有願望歸根結底是爲了“獲得幸福”。那麽，如何把我們心底的願望變成現實呢？

編者的話

課題組：「幸福」是一個恆久的話題。親朋生日、婚禮、壽宴，年年歲歲每個佳節，萬千祝福中出現頻率最高的祝願是「祝您幸福」；人生會有很多願望，但其所有願望歸根究柢也是為了「獲得幸福」。那麼，如何把我們心底的願望和親朋好友的祝願變成現實呢？本書將用通俗易懂的語言講述關於「幸福」的哲學原理。每一節講一個關於幸福的小論點；每一個小論點配一個生活中的小故事。編者力求用這些小故事向讀者呈現出「幸福」學說的學科框架和內在邏輯，使本書真正成為寓教於樂、融知識性和趣味性為一體的科普讀物。書中的每一個小故事都是來自生活的真實案例。為了使讀者有身臨其境的體驗，書中還配套了相關的漫畫和圖表。

主編胡老（胡曉萍）：本書是研究「樂商」的。心理學將人獲得幸福的能力歸為「樂商」。「樂商」是一種情感商數。一個人的「樂商」越高，其生活質量就越高，幸福感就越強。雖然個人的發展程度要受環境和遺傳基因的限制，但是個體可以通過提高「樂商」積極改變。原本已經由環境和基因「決定」的命運，比如，「樂商」高的人其愛情與婚姻會更穩固，身體會更健康，工作績效會更突出。可以說，每個人都可以通過提高「樂商」而使自己在婚姻家庭、身心健康、事業發展等方面更加理想。

副主編阿檣（龔檣）： 作為85後，我對幸福的渴望近乎執著。參與胡曉萍老師的「提升幸福力，幸福常相隨」課題，讓我對幸福的本質有了更深刻的理解。書中的大部分案例是筆者的親身經歷或是朋友的講述、主流媒體的新聞報導以及網友的分享，還有部分故事是從我們演講俱樂部的討論中選出來的典型案例。這些故事都是從日常生活素材中精心挑選出來的真人真事。讀完後你會發現，幸福其實很簡單。

近年來，幸福學說已成為學術界關注的一個熱點。書中的很多觀點來自學術界同行的前期成果，編者借此向所有前期研究者致謝！

目錄

導論：

我們的幸福感哪裡去了？

一、為什麼現代人很難感覺到幸福

中國的「50 後」普遍有這樣的感受：物質生活越來越豐富了，人的幸福感卻越來越低了。在網上看過一段很火的視頻，說的是 2012 年國慶期間，大陸電視臺新聞頻道「走基層・百姓心聲」欄目記者走上街頭調查老百姓的幸福感。面對記者的提問，一名在城市打拼多年的農民工兄弟給出了一個讓人意想不到的「神回覆」：「我……姓曾」！

也許這位行色匆匆的先生並沒有聽清楚記者在問什麼，也許他真的就是「姓曾」……其實這些都無關緊要。重要的是，這個「神回覆」被傳上網後立即引起了萬千網友的熱烈追捧，不到一天時間，與之相關的微博就被瘋狂轉發上萬條。更有「心領神會」的網友跟帖「我姓福，名爾康」「我不姓福，姓曾！」……網友的跟帖以黑色幽默的方式表達了一種集體性焦慮——我們的幸福感到哪裡去了？

正如網友所說，這是因為我們時常感到「鴨梨山大」[①]。尤其是那些表面光鮮亮麗的白領「三子」（有房子、車子和孩子）一族更是被房貸、車貸和「孩貸」這「三座大山」壓得喘不過氣來，幸福感早就被壓力擠沒了。不用說請月嫂、保姆的高額費用非一般白領所能承受，光是買個安身立命之所，哪怕只有六七十平方米，在北京、上海、深圳等一線城市，首付就會掏空其父母乃至祖父母的養老錢，接下來的還貸會讓小兩口疲於奔命30年。

很多「50後」特別懷念「過去的好日子」。說那時候不用自己買房，也沒有這麼大的心理壓力。其實並不是因為那時的生活比現在好，而是因為當時的社會環境和經濟條件不允許人們有更多的慾望。20世紀70年代的年輕人結婚時根本不敢奢望婚房。不少城市人就是在單位的單身宿舍裡把布簾子一拉就圈定一個「家」，小兩口能有一個相對獨立的空間就非常滿足了。可是當周圍的人都有了婚房，我們的內心就會產生一種騷動：憑什麼他有我沒有？我又不比他差！別人有的，我也要有！現在沒有，將來想辦法一定要有……想想看，一個年收入400,000元的白領家庭要想在一線城市買房，也得不吃、不喝、不生病，淨攢5～7年才能存夠首付，壓力不是「山大」才是怪事！

那麼，不想買房子的事，讓自己「清心寡欲」是否會減小壓力呢？

二、「清心寡欲」能讓人的心理更平衡嗎

答案是否定的，「清心寡欲」對於減輕生活壓力無濟於事。

因為人並不是生活在真空中，我們很難做到把自己周圍的人和周圍的輿論都當成「空氣」。一旦踏入社會，我們就會身不由己地與人攀比。學歷、能力、職位乃至孩子讀什麼學校都會成為攀比的對象。

剛出生的嬰兒不懂得什麼攀比，所以這些「萌娃」的幸福感超強。只

① 網絡用語，鴨梨是「壓力」的諧音，意為「壓力像山一樣大」。

要吃飽了，喝足了，睡好了，尿布換乾淨了，別人一逗就會咧開小嘴開心大笑。可是一旦他們長大能聽懂「人話」，其幸福感就會直線下降。

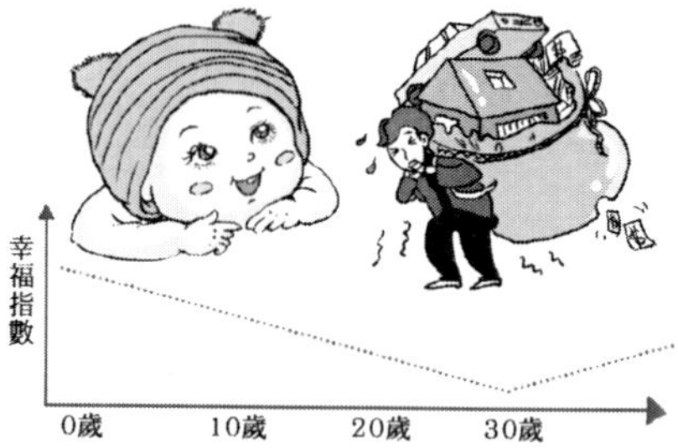

因為這時的他們已經能夠清楚地感受到自己的玩具沒有其他小朋友的好，自己的衣服沒有別的小朋友的漂亮，自己會的兒歌沒有同齡小朋友多等弱項所帶來的「劣勢感」和不愉快感。

從心理學的角度看，這種劣勢感會極大地傷害兒童的自尊心，影響人的「受尊敬」和「自我價值實現」等精神需求的滿足。在與他人對比中處於「劣勢」會讓兒童心理上不舒服，這種「不舒服感」勢必會帶來幸福指數的下降。3 歲前的孩子還不懂得攀比。從上幼兒園開始，處於集體生活氛圍中的孩子開始自覺或不自覺地與他人比較。他們會告訴家長，班裡「誰的衣服最漂亮」「誰最聰明」等。

隨著年齡的增長，可以攀比的東西越來越多，劣勢感帶來的不愉快體驗越來越強烈。假設嬰兒的快樂指數是 1，長大後這個指數至少會下降 30%。

很多人在理智上是不願意讓自己的孩子與別人攀比的，可是在社會大背景下，他們也不得不向現實屈服。比如，那些在一線城市工作的「學霸級」「80 後」，他們本來對當地價格高得離譜的「學區房」不屑一顧，覺得自己就能搞定孩子的學習輔導，甚至他們還特別鄙視那些花巨資買高價「學區房」的家長，說這些家長為了重點學校的學籍花幾百萬元買個又舊又小的破房子太不值了。可是 2016 年升學季後，各類媒介不斷爆出的重點學校升學率居高不下的現實讓他們再也穩不住了。俗話說，隔行如隔山。家長並不瞭解「小升初」考試和「中考」「高考」的現狀，20 年前的「學霸」未必能在 20 年後仍然稱霸各種考試，「學霸」能否把自己的孩子送進「重點」學校存在著太多的不確定因素。萬一將來自己的孩子考砸了，豈不是把孩子給耽誤了嗎？

為了不讓自己的孩子因為「輸在起跑線上」而產生劣勢感，一般中產家庭都會傾其所有為孩子提供最好的教育。「早教」「學區房」和藝術課程一樣不能少；學費和課外培訓費再多也得出。在社會大環境的逼迫下，年輕人不得不咬牙當起「房奴」「車奴」和「孩奴」。在這樣的工作和生活壓力下，人們的幸福感降低是必然的。

小測試

下面是一組關於「生活滿意度」的測試題。我們可以用它來測一下自己的「幸福感」如何。（其中數字 1＝不滿意，2＝不太滿意，3＝還可以，4＝比較滿意，5＝非常滿意。）

1. 你對自己的收入滿意嗎？ 1, 2, 3, 4, 5
2. 你對自己的生活狀態滿意嗎？ 1, 2, 3, 4, 5
3. 你對所居住的環境滿意嗎？ 1, 2, 3, 4, 5
4. 你對自己的學校（或者工作單位）滿意嗎？ 1, 2, 3, 4, 5
5. 你對自己的日常交往（或者交朋友）滿意嗎？ 1, 2, 3, 4, 5
6. 你對自己的婚姻（或者愛情）滿意嗎？ 1, 2, 3, 4, 5
7. 你對自己的事業（或者學業）滿意嗎？ 1, 2, 3, 4, 5

假如你對大部分問題的自評分都在 3 分以上，說明你對自己的生活還是相當滿意的；如果總分在 30 分以上，那你真的就是幸福感「爆棚」了。

三、邏輯思維怎樣幫我們打開幸福之門

古人云：「幸，吉而免凶也。」也就是說，人在一生中如果能避免

「凶」事或「不吉」之事發生，他就是幸運、幸福之人。然而「一帆風順」只是人們的美好願望，在現實生活中很難做到。因為沒有人能夠完全掌控我們周圍的世界，人們所能做的就是想辦法「逢凶化吉」，變壞事為好事。

我們在日常生活中遇到的形形色色的事件可以分為兩大類：一類屬於個人不可控事件，比如疾病、自然災害、戰爭等；另一類是可控事件，如我們對待疾病、災害或戰爭的態度。對於不可控事件，如果它已經發生了，則無論你如何憤怒、如何悔恨、如何埋怨都無濟於事；而可控事件的結局則取決於我們對事件的反應和態度。如果我們採取的應對措施得當，則可能將「壞事」變成「好事」。

人們對突發事件做出反應，一是靠本能，二是靠思考，三是靠直覺。

其中「本能」是動物天生具有的自我保護慾望，很容易引發違反法律和倫理道德的「反社會」攻擊行為。「思考」是一種顯性的邏輯推理，它清楚地告訴人們，採取什麼樣的行動會有什麼樣的結果，什麼是對自己有利的結果；而「直覺」則是一種隱性的邏輯推理，它是理性思考模式在心靈中引起的頓悟，比「思考」來得更快。

邏輯思維訓練能夠提升我們處理問題的理性程度，幫助我們在非常時期避開情緒化的干擾，找出「利益最大化」的決策方案。不僅如此，長期的邏輯思維訓練還能夠把這種「理性」思維模式變成自己的潛能或者「直覺」，一旦出現相同情境，機體就會快速做出反應，從而避免事件繼續朝「壞」的方向變化。

比如，在人來車往的鬧市區，牽著幼童的女人發覺自己的錢包被偷（不利事件發生），其「本能反應」一般是立刻追趕小偷。但是這樣做，孩子有可能在混亂中走失或被汽車撞傷（因處置不當觸發新的不利事件）。

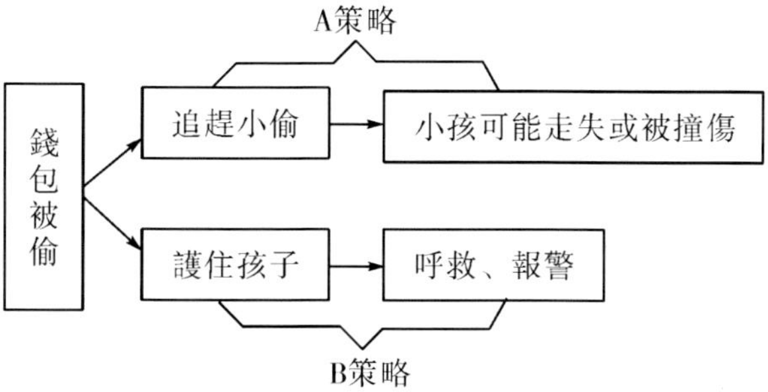

而理性決策則是先護住小孩，並大聲呼救、打「110」報警。這個決策符合「利益最大化」的理性人原則，因為照看好孩子比追回財物損失更重要。

也許有人會說，事事都講理性豈不是太累太傷神，人活著還有什麼快樂可言？事實上，習慣成自然。受過邏輯思維訓練的人經過多次反覆，會把這種理性思維方式和決策方式逐漸固化為自己的處世模式，甚至變成一種潛意識，在需要時幫助當事人自動做出最有利的選擇。

第一篇：
邏輯思維與人的幸福

一、邏輯理性助你選擇幸福之路

（一）為什麼要讓理性選擇成為一種習慣

我們每天都會面臨各種選擇，小到今天的早餐吃什麼，大到考大學報什麼學校，都會把我們置於「或者 A 或者 B，二者皆可」或「要麼 A，要麼 B，二者必居其一」的決策環境。① 生活中有些決策是無關緊要的，比如「今天的早餐吃什麼」「小長假去哪裡旅遊」等。只要不是吃不健康食品，出門在外注意安全，無論你做何種決定都不會影響你的人生；但是生活中一些重大決策卻可能改變你人生的軌跡，比如找一個什麼樣的愛人？在面臨危機或受到傷害時採取什麼樣的對策？……

通常人們在做出重大決定時都會經過理性思考。先列出 A、B、C、D……諸種備選方案，然後一一比較，推理論證，找出最適當的解決方案。這樣的推理過程常常被稱為「理性選擇」過程。其特點是遵循「利益最大化原則」，通過邏輯論證，從諸多可選項中找出最有利於自己的選項。「理性選擇」是人類這個特殊物種長期進化的結果。正是有了「理性選擇」機制，人們才會主動地抑制自己「趨利避害」的動物本能，自覺地尊崇法律規範和道德規範，以防止相互傾軋；正是有了「理性選擇」機制，「助人即助己」「主觀為社會，客觀為自己」的道德觀念才會被人們普遍接受。

成年人經過幾十年的社會化教育，大多具備了理性選擇的基本能力。

---

① 在邏輯學中，選擇情境分為兩種。一種是相容選擇，用相容選言命題「或者 A，或者 B，或者 A 和 B」表示「二者必有一真，且可同真」的情況；另一種是不相容選擇，用不相容選言命題「要麼 A，要麼 B」表示「二者必有一真，且只有一真」的情況。

但是，真正能夠做到控制情緒，理性處世的並不多見。這是因為沒有經過嚴格的邏輯思維訓練，一般人在偶發的「激情情境」中很容易心理失衡、情緒失控，做出一些他自己日後都不認可的非理性決策。

非理性決策的極端表現是「激情犯罪」，即個人因外界因素刺激，瞬間情緒失控而產生的觸犯刑律的行為。「激情犯罪」實際上是一種「挫折攻擊型」犯罪。2010 年 10 月西安發生的「藥家鑫案」就是一起典型的「激情犯罪」案。藥家鑫，這個才 20 歲的西安音樂學院大三學生，因為一起普通的交通肇事案而激情殺人，害了被害人一家，也斷送了自己的錦綉前程，實在是令人扼腕痛惜。

在現實生活中，因激情情境引發犯罪的情況並不多。畢竟大多數人都明白「殺人抵命」的道理。這個意識會讓大多數人在衝動的最後一刻控制住自己，迴歸理性。但是在不觸犯刑律的情況下，人們因激情情境而惱羞成怒，失去理智的情況卻經常發生。如網上不時爆出的「孩子打架引發雙方家長鬥毆」「夫妻因小事鬥嘴而鬧離婚」之類的事件都屬於激情情境引發的情緒失控事件。在事件過程中，只要有一方頭腦清醒，理性處置，事情就不會發展到難以收拾的局面。

【案例 1】有一對感情挺好的 80 後小夫妻結婚不到半年就鬧離婚，讓人百思不得其解。引發「離婚」的「臨界事件」就是一頓「生日飯」。妻子生日那天，老公想給老婆一個驚喜，下班後匆匆趕回家做了一桌老婆喜歡吃的菜，滿心歡喜地等著老婆回家。沒想到妻子卻被朋友叫到餐廳「慶生」去了，事前招呼也沒和他打一個。想到自己餓著肚子等老婆，老婆卻和「外人」快活去了，老公越想心裡越氣憤，等到夜裡妻子進門時他已經窩了一肚子火，對著妻子就是一頓吼：「你到底想不想過了？不想過就離婚！」。妻子本來脾氣就犟，一聽這話，也毫不示弱地吼道：「離就離！誰怕誰呀！」兩人就這麼草率地離了婚，過後兩人又都對當時的衝動感到後悔。

每個人都有自己的個性，任何人遇到個人尊嚴被侵犯的事兒都會生氣。不管三七二十一先發頓火、出口惡氣，雖然當時會讓人感到非常痛快，卻會給自己和他人造成巨大的傷害。很多人認為，「發火」「惱羞成怒」「惡語傷人」都不算什麼事。因為這類「一般激情行為」，後果都不嚴重，人們事後就會把它忘記。可是，「一般激情行為」和「激情犯罪」之間並沒有明顯的界限。經常陷入激情情境，動不動就惱羞成怒的人，在特定環境下很容易引發「激情犯罪」。

非理性行為犯下的錯誤最終還是要當事人自己「買單」。中國有句老話叫「禍不單行」，說的就是一個錯誤的決策如果不能得到理性控制，往往會引起更多的禍事兒，就像是連環陷阱一樣。理性決策能夠幫助我們成功地避開「連環陷阱」。比如案例1提到的夫妻離婚事件，當時只要有一方理性一點，說一聲「對不起」，多一些解釋和包容，事情就不會鬧到離婚的地步。

邏輯思維經過長時間的沉澱會成為一種習慣，並固化為人的行為模式，變成人的一種潛意識。這種潛意識的功用是，當遇到激情情境、憤怒不已時，理性選擇的「開關」會自動打開，告訴自己如何選擇最優策略處理眼前的麻煩，從而避免自己在「錯誤決策的連環陷阱」中越陷越深。成功不易，在危機面前做出理性決策相當於打通了目標通道，去除了人生路上的障礙。

（二）90/10法則：關於理性選擇的辯證法

「90/10法則」，源自美國管理大師史蒂芬·柯維（Stephen Covey）一篇名為《The 90/10 Principle》① 的英文隨筆。其主要內容是：

> 生命的10%是由你的際遇所組成，餘下的90%則由你的反應而決定。

這句話的意思是，在我們的生活中，有些事件屬於已經發生了的事情（大約占生活事件的10%），如，丟失錢包、上班沒趕上車遲到等。另一

① 英語沙龍（實戰版）2009年Z1期P29，靜心品味：The 90/10 Principle，Stephen Covey著，朱委譯。

些事件則由我們對已發生的事件的反應構成。比如，丟錢包後心裡憋屈，在家裡找碴；遲到挨批後拿同事撒氣……

「90/10 法則」常被稱為「費斯汀格法則」。根據這個法則，我們也可以把因危機處置不當導致的連環事件稱為「費斯汀格陷阱」。

為了說明這個法則，研究者舉了一個例子[①]：

事情起因

(1) 卡斯丁起床後將自己的高檔手錶放在洗漱池邊上；
妻子怕手錶被水淋濕了，就隨手拿過去放在餐桌上；
兒子到餐桌上拿麵包時不小心碰到，把手錶摔壞了。

連鎖反應

(2) 卡斯丁因心疼手錶而生氣，揍了兒子又罵了妻子。

(3) 妻子被激怒，生氣鬥嘴，卡斯丁發怒衝出家門去上班，卻因鬥嘴忘了拿公文包，快到公司時想起來又立刻轉回家。

(4) 卡斯丁到家才發現鑰匙留在公文包裡，又打電話向妻子要鑰匙。

(5) 已經到辦公室的妻子匆匆往家趕時撞翻了路邊的水果攤。

(6) 水果攤主不依不饒，妻子不得不賠了一筆錢才得以脫身。

(7) 卡斯丁拿著公文包趕到公司時已遲到 15 分鐘，為此挨了上司一頓批。

(8) 妻子賠錢、自己挨批，卡斯丁心情極糟，下班前又為小事跟同事爭吵。

(9) 妻子因送鑰匙早退，被公司扣除了當月全勤獎。

(10) 原本參加棒球賽並有望奪冠的兒子也因心情不好，發揮不佳，被淘汰了。

① 朱新月. 改變你一生命運的 90/10 法則

費斯汀格陷阱=禍不單行
生活中有10%的事件不可控，剩下的
90%若不能理性對待，結局會越來越糟！
陷阱1
陷阱2
陷阱3

事情發展到這一步，如果雙方能夠意識到衝動的危害，選擇理性處理，結果還不會太糟，不過是輸了一場棒球賽、賠了些錢而已。如果這時仍然不能理性處理，夫妻下班回家後再互相埋怨、互相指責，可能就會像案例 1 的那對小夫妻一樣把一個好好的家給「吵散了」。

在這裡，男主人卡斯丁之所以在這一天「禍事」不斷，就是因為他陷入了一個「費斯汀格陷阱」：先是手錶摔壞→然後生氣責罵妻子→鬥嘴忘帶鑰匙→送鑰匙賠了水果錢……因為對「手錶摔壞」這件事情他沒有理性對待，導致了後來一連串的不良後果。這個現象正印證了中國的一句老話——「***禍不單行***」。

我們的老祖宗真的很睿智，用四個字就講明了一個真理：事物之間是相互聯繫的。如果你不能理性地處理第一件「禍事」，那麼因第一件禍事導致的不愉快情緒很可能會引起第二件、第三件乃至更多的「禍事」。

（三）日常生活中存在的「費斯汀格陷阱」

我們在日常生活中也常常會遇到類似的「費斯汀格陷阱」。

【案例 2】朋友到虛擬演播室錄制網絡課程，進門正碰上影視公司的張老板在電話中與人爭吵。原來他把兩位小學教師錄制的語文視頻課件拿給一個在公司做兼職的大學生做後期。現在活兒干完了，兩人因付款方式發生了爭執。因為語文視頻課件的錄像素材還在那個大學生手裡，大學生要求先付勞務費再上交素材，而張老板則認為對方要先把素材交到公司才能轉帳付款。兩個人誰也不肯讓步，吵著吵著……談判就僵持住了。可能是那個大學生爭吵中口無遮攔、言辭過於激烈，張老板被他徹底激怒了，拋出一句「你愛交不交！」就掛掉了電話，並且立即刪除了那個大學生的微信。

朋友見狀，連忙上前打圓場：「你們在合同上寫了付款方式沒有？」

「沒呢，但按行業規矩就該是先驗收再付款的！」張老板理直氣壯地說。

「可他不是你們行業中人，你事先又沒說。他不知道這個規矩，要求先付錢再上交素材也是合理的呀！」聽朋友這樣說，張老板自知理虧，不再堅持。

朋友又問：「如果他執意不打款就不交素材，你打算怎麼辦？」

「大不了賠償客戶的損失，重新給他們錄制就是了。」他說得好輕巧！

「你開國際玩笑吧？錄過網課的人都知道，錄一堂40分鐘的網課花費的腦力和體力勞動相當於正常上課的3～4倍。對於平時不習慣於面對鏡頭的小學老師來說，光是克服鏡頭恐懼感就夠他們受的了，你還想讓他們來第二次？這個精神損失費豈是你賠得了的？」朋友提醒道。

「我最討厭做點事就錢、錢、錢的人！」張老板還是憤憤不平。

現在張老板遭遇的就是我們日常生活中常見的「**費斯汀格陷阱**」。

在這個案例中，已經發生的鬧心事件是張老板與在公司做兼職的大學生抬杠、鬥氣鬧僵了，兩位老師錄制的視頻課素材拿不回來，公司面臨被投訴打官司的危機（類似於費斯汀格案例中的「摔壞手錶事件」）。按照費斯汀格法則，這類事件僅占據了我們全部生活事件的10%。這之後發生的各種事情（占比90%）取決於我們處理這件不愉快事件的態度。

對於張老板而言，這個「費斯汀格陷阱」很可能是這樣的：不願意服軟，繼續與那個大學生鬥氣，滿足了眼前的報復心理。可接下來的事情會越來越糟糕——大學生告他拖欠工資，客戶投訴他違反協議，公司聲譽受損招不到員工、吸引不了客戶……這真是一個活脫脫的「費斯汀格陷阱」。

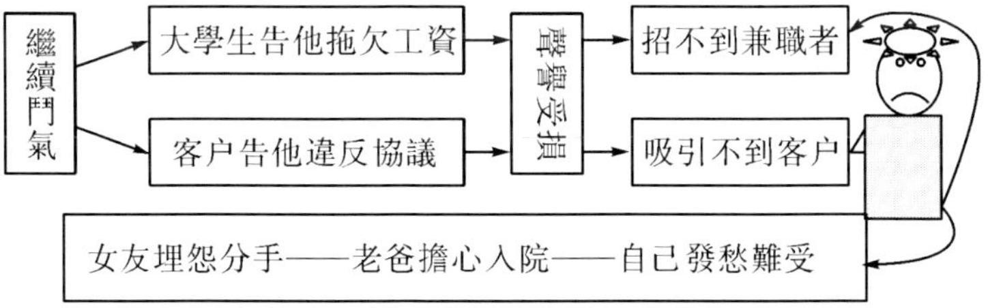

邏輯思維可以幫助我們成功地逃離「費斯汀格陷阱」。因為理智告訴我們，對於已經發生的事件（占全部事件的 10%），任何抱怨、生氣或自責都是沒有用的。換一種態度，理性處置，有可能讓事情（占全部事件的 90%）向好的方向發展。雖然我們不能保證理性處置可以完全規避不利事件，但是我們可以讓不利事件的結局變得不那麼壞，甚至可以「轉危為安」「逢凶化吉」，發現新的機遇。

（四）關於 90/10 法則的邏輯推理

上述案例中的張老板絕不傻，不然他也當不了公司的老板。對於如此聰明的人，用腳指頭都能想像得到，繼續和那個兼職的大學生鬥氣，他會在不愉快事件的陷阱中越陷越深，乃至最後殘局難以收拾。但是真要說服張老板，我們這位熱心的朋友還必須給他一個主動認錯的「理由」。得讓他明白，「主動向對方妥協是一個正確的選擇」。也就是說，通過推理論證，理性比較「妥協」與「不妥協」兩種選擇的結果，讓他看清楚「妥協」比「不妥協」對他更有利。這個論證使用的是一個假言選言推理①：

假設：A 為妥協，即答應大學生的要求，先付勞務費再交素材；

非 A 為不妥協，即繼續和大學生鬥氣，要求對方先交素材。

其論證過程如下：

◆如果非 A（繼續鬥氣），則被客戶投訴違約，被兼職者投訴欠薪。

◆如果 A（同意他的要求把勞務費先打給他），則結果可能有二：

一是好結果，學生履行承諾按時交還素材（皆大歡喜）；

二是壞結果，學生收了錢卻不肯交還素材（發生的概率極低）。

◆*要麼 A，要麼非 A*。

所以，要麼等著被投訴，要麼出現好結果或壞結果兩種可能。

在這裡，選擇非 A（繼續鬥氣）只有一個壞結果（被投訴）；選擇 A（妥協）則有好壞兩個結果，並且好結果出現的概率遠遠大於壞結果。雖

---

① 假言選言推理是以假言命題和選言命題為前提，按照假言推理和選言推理的規則進行的推理。其形式為，以兩個充分條件假言命題為大前提，以一個選言命題為小前提。小前提的兩個選言肢分別肯定假言前提的兩個前件，結論分別肯定其兩個後件。

然張老板選擇妥協也要承擔一定的風險，其最大的風險就是大學生不履行諾言，收了錢不交素材來。但是，從「性本善」的處世原則出發，這個風險發生的概率是很低的。作為理性人，肯定應該選 A（妥協）更有利。

張老板被朋友說服了，拿出手機通過支付寶給大學生打了款，並且留言向對方道歉。不一會兒，大學生的回覆來了：「錢已收到，謝謝你！你我都不是不講理的人，還是相互理解一下吧！其實除了鬥氣，我們之間並沒有什麼深仇大恨，誤會而已。我馬上把兩個片子的素材傳給你，如果你覺得不滿意的話還可以隨時叫我修改……」看來結局很圓滿。張老板既不用承擔賠償客戶違約賠償費的風險，又多了一個「鐵杆」兼職員工。

張老板的風險決策過程還包含了一個「二難推理」[①]：

> ◆如果 A（不妥協），則 B（定會花錢——賠償客戶的違約賠償費）。
> ◆如果非 A（妥協），則 B（也要花錢——支付兼職者的勞務費）。
> ◆*要麼 A，要麼非 A。*
>
> 所以，要麼支付大學生勞務費，要麼支付客戶賠償費，總之都要花錢。

在此情境中，無論張老板做何選擇，他都是要從自己包裡摸「銀子」出來的。既然如此，他為什麼不選擇可能會有好結局的策略？聰明的老板肯定應當選擇妥協的方案。至於先認錯的面子問題大可不必計較。張老板還想把公司做大，當個大老板，這點委屈必須能受，「宰相肚裡能撐船」嘛！

生活中這樣的情境非常多，我們幾乎每天都會遇到。假如每一個這樣的事件都能理性應對，我們就掌握了生活的主動權。想想看，生活中有90%的事件都在我們自己的掌握之中，豈不樂哉？至於那人力不可把控的10%的不愉快事件，我們完全可以忽略。這樣，我們就能從煩人的瑣事中

① 二難推理是假言選言推理的一種特殊形式。其特點是，無論選擇 A 或者選擇非 A，得到的結論都是當事人不想要的結論，所以被稱為「二難推理」。

解脫出來，保持愉快的心情。所以，理性真的能讓你幸福感倍增！

（五）把理性選擇變成自己的一種潛意識

案例 2 中影視公司的張老板在朋友的勸說下採取理性策略做出了最優的選擇。但是如果這件事發生時那個熱心的朋友不在場呢？事實上，我們要在日常生活中做到事事理性是非常困難的。有的時候，人們即使不為錢不為利，但為了賭一口氣也會做出非理性的選擇。一時腦袋「發熱」就想爭它一個「魚死網破」。就像案例 2 中的張老板，明明知道和那個兼職的大學生鬧翻對他一點好處都沒有，可他還是吞不下那口怨氣。所以，想真正做到理性處置身邊的各種不愉快事件，避開可能讓我們傷痕累累的「連環陷阱」，還必須養成理性決策的習慣，讓理性「滲入」我們的每一個毛孔。

當理性決策成為人的一種潛意識，關鍵時刻它就會自動啓動理性分析的開關，助你避開「費斯汀格陷阱」。下面給大家分享一個名叫羅莎的朋友的故事。看看理性是如何幫助她避開「費斯汀格陷阱」的。

【案例 3】城市白領羅莎把自己裝修好的，帶家具、全套「大家電」和「小廚電」的房子租給了幾個在市中心上班的年輕人。抱著給房客最好入住體驗的理念，羅莎精心布置，把自己的房子收拾得像個「星級賓館」。配備齊全的家具、電器和溫馨的房間布置讓幾個前來合租房子的年輕人贊不絕口，當即簽約入住。

沒想到房客的美好入住體驗不到半年就被樓上衛生間的漏水問題打破了。從樓上衛生間滲漏下來的污水不僅浸濕了羅莎家客廳的裝飾拱門，還讓整個房間彌漫著一股難聞的味道。更要命的是，房客上厠所時一不小心就會有污水滴到頭上。如果不是看在羅莎待房客特別好的份兒上，房客們早就搬走了。為了盡早解決問題，羅莎一有空就給樓上的業主打電話。雖然樓上業主接電話的態度還不錯，每次都答應得好好的，說要盡快解決。可是，整整一年零一個月過去了，電話打了上百個，樓上業主還是以各種托詞忽悠，沒有一點要動工維修的樣子。

樓下這邊，衛生間的漏水問題越來越嚴重了。樓上漏下來的臭水把羅莎家客廳的牆都染成了黑色，房客們不得不打著傘上厠所。因為實在難以忍受漏水之苦，房客中一個做地產仲介的小伙子自己找到小區物管進行投訴。可物業公司的人說室內的設施他們管不了，還是讓業主之間協商解決。

羅莎回憶說，那段時間對她來說簡直就是地獄。衛生間的漏水像夢魘一樣在她心中揮之不去。她一接到房客的電話就會緊張，感覺自己都要崩潰了。長達一年零一個月的維權之旅打亂了她的生活秩序，對房客的愧疚心理又讓她寢食難安。她感覺再這麼下去自己的神經恐怕會被扯斷！理智告訴她，這件事必須盡快了結。抱著求人不如求己的想法，羅莎主動上網搜索維修信息。在把維修公司的連結發給樓上業主的同時，她還明確表態願意承擔一半樓上衛生間重做防水的費用。可是樓上業主還是以各種理由推托，遲遲不肯動工，讓人覺得這漫漫維權路根本看不到盡頭！

朋友們知道了這件事都很同情羅莎。有人出主意說，叫她的房客夜裡用大棒敲擊樓板，讓樓上的人睡不成覺，保證對方堅持不了多久；也有人提議羅莎到對方單位裡去告對方，讓那個人顏面盡失；還有人說，用 502 膠水封樓上的門，看他還敢不敢再這麼無賴下去……

羅莎謝絕了朋友們的好意。因為理智告訴她，以上這些做法除了替她出口惡氣外解決不了任何問題。她會因此陷入「費斯汀格陷阱」——和鄰居鬧翻，讓自己焦頭爛額，還可能因為不當報復行為冒違法的風險！

羅莎當時面臨的選擇是這樣的：

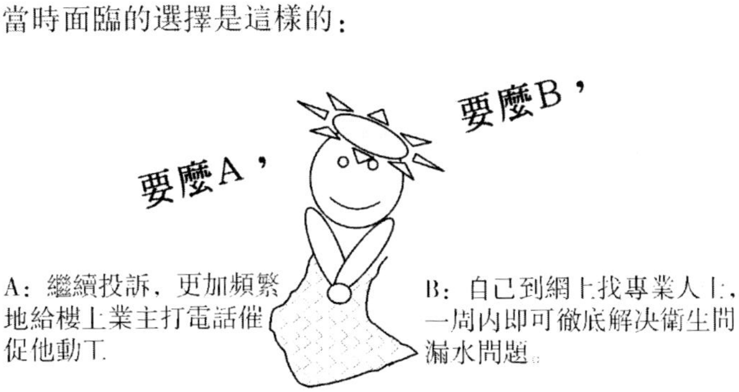

要麼A，
要麼B，
A：繼續投訴，更加頻繁地給樓上業主打電話催促他動工。
B：自己到網上找專業人士，一周內即可徹底解決衛生間漏水問題。

應該說羅莎的理性幫她避開了這個陷阱。其思考過程展開如下：

◆如果 A，則 C（漫漫維權路看不到任何希望）。

◆如果 B，則 D（一週解決問題，但自己需承擔維修費 6,000 元）。

◆*要麼 A，要麼 B。*

所以，要麼毫無希望地繼續維權，要麼自己請人維修且自己承擔維修費。

這是一個讓人「兩難」的「二難推理」。在進行二難推理時，理性決策者通常按照「兩利相比取其重」或「兩害相比取其輕」的原則做出自己的選擇。顯然，C（耗時耗力又看不到任何希望地繼續維權）和 D（自己請人做樓上的防水且自己承擔維修費）都不是羅莎想要的結果。但是 D 選擇對羅莎的傷害（僅花錢而已）顯然小於 C 選擇。考慮到「維權」無果造成的無休止的精神傷害和房客退房的經濟風險，羅莎決定放棄投訴，自己出錢請人給樓上重做防水。按照「兩害相比取其輕」的理性處事原則，這樣做比繼續在這看不到盡頭的維權路上耗費自己的生命要好很多。

最後，羅莎花了近 6,000 元的工錢和材料費，管吃管喝陪著工人干了整整三天，總算把困擾她和她的房客一整年的衛生間漏水問題徹底解決了。為了補償房客們一年多來的包容和隱忍，羅莎買來牆紙帶著幾個年輕租客重新裝修了客廳，又花錢請人翻新了客廳的沙發。看著煥然一新的客廳，幾個年輕的「租房一族」開心極了，直誇羅莎應當競選「國民好房東」！

至此，衛生間漏水事件從表面上看是圓滿解決了。但是，圍繞漏水事件產生的「費斯汀格陷阱」還沒有徹底鏟平。因為做樓上防水和翻新自家被污染的牆面所花費的 6,000 多元錢全部由羅莎「買單」，總讓人心裡感到憋屈得慌。6,000 多元對於工薪族來說不是一個小數目。重要的問題還不只是錢的事兒，而是這錢出得冤枉。明明是樓上業主的責任，憑什麼要讓受害者「買單」！而且對方的做法實在過分，不僅讓羅莎獨自承擔了做防水和更換進水管道的全部費用，連 200 元的建築垃圾清運費和購置新馬桶的 500 元也是羅莎買單的。羅莎的遭遇讓上門做防水的工人和賣抽水馬桶給她的店主都看不下去了，直嘆羅莎遇上「無賴」，當了一回「冤大頭」！

民間俗語「冤大頭」其實就是「傻瓜」的代名詞。堂堂知識分子居然成了鄰居眼中的「傻瓜」和「冤大頭」，這讓羅莎感覺糟透了。

「我怎麼就傻了？」「我這叫『大智若愚』！」

這個時候，羅莎只能用古訓「大智若愚」安慰自己。因為此時如果羅莎也認為自己吃虧，是「冤大頭」，那這些懊惱、自責之類的負面情緒會讓她再次掉入「費斯汀格陷阱」，引發更多的不愉快。古人雲「大智若愚」，即是說大智慧者外表糊涂，不計較，但達觀、大度，事事算大不算小，能夠採用最優策略制勝，實為大智慧。

不計較「小得失」=大智若愚

從當時的情境看，羅莎主動出資為樓上業主重做防水，雖然損失了6,000多元錢（表面的「愚」），但此舉的真正受益人是她自己（實際的「智」）——她再也不用整天擔心房客的投訴了。但是，羅莎要徹底說服自己，讓自己心安理得地接受目前的結果，光有「大智若愚」的信念還不夠。她還得用邏輯推理證明，這樣做是必須的，自己別無選擇。也就是說，羅莎得有「充足的理由」① 向自己證明，這樣做就是「大智若愚」的表現。

羅莎的論證過程如下：

假設：她的兩種選擇（C）和（D），可能導致的結果是（H）和（G）。

① 充足理由律是邏輯學的基本規律之一。其主要內容為，一個觀點被確認為真，必須有充足的理由。其公式為：【$P \wedge (P \rightarrow Q)$】$\rightarrow Q$（讀作：Q真，因為P真，並且P可以推出Q）。充足理由律的基本要求是：論據真實，論證符合邏輯推理的規則。

或者毫無希望地繼續等待（C），或者自己找人解決一勞永逸（D）。
◆如果（C），會讓自己的房東聲譽受損並經受無期限的精神折磨（H）。
◆如果（D），花錢但迅速解決問題，省出心力去掙更多錢（G）。
所以，或者（H：經受無期限精神折磨）或者（G：迅速解決且可掙更多的錢）。

相對於（C）選項的結果（H：聲譽受損且忍受無限期的精神折磨）而言，（D）選項的結果（G：花錢但迅速解決問題，省出心力掙更多的錢）更有利於羅莎！顯然，對於此時此刻此情境中的羅莎而言，「自己解決問題」才是上上策。這個推理讓羅莎堅信，自己的決定是理性的和聰明的。「大智若愚」的結論幫助她迅速擺脫了「做老實人吃虧」的陰影。

故事至此尚未結束。羅莎買馬桶時還有一個「小插曲」。

客服：「你這種情況建議買直衝式，便宜，100 多元的就可以了。」

羅莎：「我看了一下介紹，直衝式沒有回水，是不是會有氣味冒出來呢？」

客服：「又不是你用！那人太過分了，沒必要給他買好的！」（同情羅莎）

羅莎：「這……算了，還是買好的吧。不然以後樓上的覺得這馬桶不好用會敲了重裝。萬一他施工時再把防水層弄壞，豈不是更麻煩？」

這個論證與上面的論證十分相似：

假設：買個好馬桶為（C），
買個差馬桶為（D）。
◆如果（C），多花錢但可以一勞永逸（H）。
◆如果（D），少花錢但可能前功盡棄（G）。
◆要麼 C，要麼 D。
所以，要麼多花錢且一勞永逸（H），要麼少花錢且前功盡棄（G）。

顯然，從長遠考慮，給樓上業主買個好馬桶的決策更優。因為前面做防水的一大筆錢已經花出去了，再計較這點蠅頭小利，很容易因小失大。若今後再重做防水，豈不是在「費斯汀格陷阱」中越陷越深？

「費斯汀格法則」告訴我們，不可控事件只占了全部生活事件的10%，另外的90%——我們對事件的態度是可控的。

事件的結局取決於我們的態度，態度又取決於我們對這個事件的認知。

把握住這90%，我們就能讓自己在90%的時間內保持幸福、快樂的情緒。

如上述案例中，虛擬演播室張老板對「妥協」和「不妥協」結果的認知，羅莎對自己出錢給樓上業主做防水虧不虧、買好馬桶值不值的認知，對其決策起著關鍵作用。「吃虧」這件事本身並不可怕，可怕的是「吃虧」心理導致的負面情緒和一連串的不愉快事件。邏輯推理在此的重要功用就是讓當事人有充足的理由確信，自己做出表面上「吃虧」的決策不是愚蠢，而是「大智若愚」，從而避免「吃虧」心理帶來的心理陰影。

「幸福感」其實就是人對於環境和自我的滿足感。邏輯推理所產生的心理上的自我價值認同能夠滿足個體受尊重的需要和自我實現的需要，從而極大地提升人對於生活的可控性。當我們能夠自如地掌控自己的生活的，那種油然而生的滿足感就是一種實實在在的幸福。

二、邏輯理性助你認識幸福之本

（一）為什麼每個人對幸福的理解都不一樣

幸福是什麼？千百年來眾說紛紜，莫衷一是！

物欲論者把「幸福」描繪成「皮爾卡丹+XO+名車+別墅」的富貴組合。各類電視廣告中，「幸福」變身為各種奢侈品的「代言人」。日常生活中總會有聰明的商家打著「女人要對自己好一點」的旗號，動員女人們用金錢去購買「幸福」。可是金錢能夠買到「幸福」？那些「披金戴銀」

的女人全都幸福嗎？答案是「否，否，否……」

禁欲論者把幸福說成單純的主觀感受。認為個人感覺幸福就是幸福，有錢沒錢無所謂。正因為如此，「非誠勿擾」中的女嘉賓一句「寧可在寶馬車裡哭，也不在自行車上笑」被嘲笑得「體無完膚」。大家群起而攻之的主要原因是，這位女嘉賓的言論動搖了大多數人「幸福就是一種感覺，沒有錢也可以很幸福」的信念。

幸福的確是一種感覺，帶有某種主觀性。但是人的幸福感並不全是人的主觀印象。如果沒有那些能夠引起人的愉悅情緒的客觀事件，人不可能平白無故地產生幸福感。「坐寶馬車與坐自行車哪個更幸福」的爭論其實是個僞命題。且不說女嘉賓想坐寶馬車的願望是否合理，單是「坐在自行車上笑」就未必為真。俗話說，「貧賤夫妻百事哀」指的就是生活窘迫、處處受制於人、事事不順心的生存狀態。

錢雖然不是萬能的，卻是生活中必不可少的。擁有一定的經濟基礎是人們獲得幸福的必要條件①。

倫理學告訴我們，幸福感的產生取決於兩個要素：

其一是價值主體——有各種需求和願望，能夠對事做出評價的人；

其二是價值客體——能夠滿足主體需要引發其快樂體驗的幸福事件。

幸福事件既可以是人生中的大事，如考上大學、獲得升遷、戀愛結婚等；也可以是一件平常但讓人感到溫馨的小事，如冬天裡戀人送來一杯熱咖啡、在家人團圓時享受天倫之樂等；甚至親朋一句關愛或者贊美的話也可以是暖心的幸福事件。老百姓常常把那些能夠激發人的快樂情緒的「幸福事件」叫作「好事兒」。比如某影片中老爺子大腿一拍說「這是好事兒啊!」，這個「好事兒」指的就是能讓人高興的事。可是什麼事才能算作「好事兒」？不同的人有不同的標準。但有一點是肯定的，即所有的「幸福事件」（即好事兒）都具備下列有利於人的生存和發展的優良屬性。

① 邏輯學把事物存在的條件分為充分條件、必要條件和充分必要條件三種類型。其中必要條件是指事物存在的必不可少的條件，有之則必然，無之未必然。

幸福事件	1. 能滿足人的生理需要（如食、性等），有利於人的生存； 2. 能調動人的積極情緒（如友愛等），有利於人的心理健康； 3. 能滿足人的道德需要（如盡孝等），有利於人的自我肯定； 4. 能發揮人的潛能（如發明創造等），有利於人的自我發展。

人的幸福感的產生離不開「幸福事件」，「幸福事件」是產生幸福感的客觀條件。沒有這個條件，人們的幸福感就會變成無源之水、無本之木。想想看：一個在事業和個人生活方面都一片混亂的人，一個沒有親情、沒有愛情和友情溫暖的人，能夠僅靠精神支撐長久的幸福感嗎？

漢語語詞「幸福」的構詞方式可以說是對「幸福」定義的絕妙詮釋。

「幸福」一詞由詞義相近又不相同的「幸」與「福」二字組成。古人雲：「幸，吉而免凶也」①，又說「非分而得謂之幸」②。這裡所說的「幸」即幸運之事，其一是意喻得到了難得的機遇（如職場遇到「伯樂」等），其二是指僥幸、慶幸，絕處逢生，逢凶化吉等。所謂「福」即幸運、一切順利，指人的一生中的重大需要和慾望獲得了長久滿足（如愛情甜蜜、事業成功、家庭美滿等）。

按照倫理學的解釋，「幸福」一詞的基本含義應當是這樣的：

幸福是人對自身需求得到滿足以及滿足程度的認可和心理體驗。

人的某項需求是否得到滿足取決於他用什麼樣的價值尺度去衡量、去評價這件事。價值尺度不同，對同一幸福事件的評價也就不同，同一幸福事件引起的幸福感也就不同。下面用一個關於古董價值認知的案例來說明，人們內心的價值尺度是怎樣影響人對事物價值的認知的。

【案例 4】經常聽說有收藏愛好者下鄉「淘寶」的事。他們在鄉下能淘到「寶物」這件事本身就說明，農民和收藏愛好者對「寶物」價值的

① 參見東漢許慎《說文解字》。

② 參見《漢書・藝文志》中的《小爾雅》。

認知和評價是不同的。下列漫畫中同一個古董容器，農民老伯可能會用它來喂雞。因為農民只是單純地從實用性的角度看，這個古董容器在儲物方面的功能並不具有特別的優勢，所以農民老伯不覺得這是什麼稀奇玩意兒，「不值錢」。而收藏愛好者從古董收藏的角度看，這個年代久遠的鑄造物極具考古價值，非常珍貴，「很值錢」。所以收藏愛好者把它當作寶物。

這個關於古董價值的評價涉及**兩個主體**——農民老伯和收藏愛好者。**價值客體**就是被評價的對象——那個放在地上的鑄造容器。這個容器的**價值**就是兩個主體對其效用的認知和評價。收藏愛好者覺得此物效用高，給的評價就高；農民老伯覺得此物效用低，給的評價就低。而客體效用的大小取決於它對人的不同需求的滿足程度。

在哲學中，人們把「價值這個概念所肯定的內容」，看作「客體的存在、作用以及他們的變化對於一定主體需要及其發展的某種適合、接近或一致」。[1]說某物「有價值」就是表明客體具有滿足主體需要的效用；而「無價值」就是指客體不能滿足主體的需要。

因價值尺度不同引起的爭論在我們的日常生活中也常常會遇到。例如，人們在逛街時常常會見到小夫妻倆為買一雙鞋或一個包包爭吵的場景。通常情況是這樣的，逛街時妻子看上了某知名品牌正在打折的包包，非常想買。丈夫起先還是同意買，可是一看價簽上的「千位數」，立馬反悔。因為他對包包的品牌並不瞭解，單看款式和材質，他覺得不值那麼高的價錢；妻子則認為這個打了 7 折的品牌包千值萬值，因為平時它更貴呢！

親愛的，我還是想把那個包包買下來，它太漂亮了！
可是，這包的樣式很普通，感覺它不值這個價啊！

顯然，小夫妻倆對同一商品估價的角度是不同的。丈夫注重的是包包的使用價值，妻子則更看重其交換價值。評估角度不同，評價結果自然也不同。

不僅是商品，對於同一事件，不同的人也會有不同的看法。

【案例 5】朋友在深圳幫女兒帶孩子。但每到春節，無論機票多貴多難買，她都要飛回四川老家陪老母親過年，過完年再飛回深圳繼續帶小孫兒。鄰家大嬸不解，覺得她花那麼多錢辛辛苦苦跑回去待幾天，何苦呢！因為春節期間深圳到四川的機票很緊張，不僅沒有折扣，就連經濟艙也很難買到。大嬸認為如果買不到經濟艙機票，這一來一回 7,000 多元錢就折騰沒了；還不如直接把這個錢寄給老母親，或者買點禮物送給老人家更經濟、劃算。

朋友笑了笑回答，這個不能只算經濟帳。因為老人家更希望子女能回家陪她過年。朋友還說，每年春節回家探親，老母親都會拉著她上街，向路上每一個見到的街坊鄰居打招呼，說「這是我家老大，專門趕回來陪我過年呢！」那份得意勁兒，恨不得讓全世界都知道。老太太的那份驕傲讓朋友覺得跑這一趟的辛苦和花費簡直「太值了」。

「春節買高價機票回家過年」到底是「值」還是「不值」？

這不是一個經濟學問題，而是價值觀①的分歧。普通人的價值觀並沒有對錯之分，但卻能決定人的幸福感的大小。

（二）價值觀如何決定人的需求類型

價值觀之所以能夠決定人的幸福感的大小，是因為價值觀決定了人的需求類型。前面說到，幸福其實就是人的某種需求得到滿足後的心理狀態。例如，男生贈送名牌包包給女友會讓她覺得幸福，有時不一定是因為包包的昂貴，而是因為女孩子被愛被重視的需求得到了充分的滿足。由於女生們的需求類型不同，同一饋贈行為產生的價值效應也是不同的。

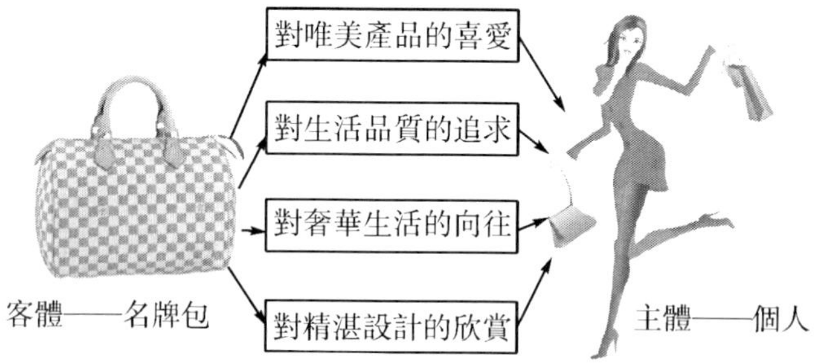

生活中常常會看到一些男士買名牌包包送給自己喜歡的女孩。花了那麼多錢，他們當然希望受贈者會喜出望外，最好能欣喜異常。可是在現實生活中，不同的女性受贈同一款名牌包的反應卻是千差萬別的。那些喜歡追求奢華生活的女生會因此饋贈獲得巨大的幸福感並表現出欣喜若狂的滿足感；而那些對名牌渴求不那麼強烈的女生，受贈名包後雖然也很開心，但其直覺反應就沒那麼強烈，這或許會讓他的男友有點小失望呢！

饋贈名包行為所產生的幸福效應取決於這個行為是否滿足了女友的需要（即她是否看重這個）以及其需要滿足的程度（即她對名牌或饋贈的渴求程度）。如果女友有這個需要，饋贈行為就是有價值的，其需要越強烈，需要滿足的程度越高，饋贈行為引發的快樂和幸福感就越強，男生這

① 價值觀是指人們認識世界的出發點或觀察的角度，是人們評價事物和對象有無價值以及價值大小的主觀尺度。價值觀具有相對的穩定性和持久性，一經形成很難改變。在特定的時間、地點、條件下，人們的價值觀總是相對穩定和持久的。

一饋贈行為的效用就越大。

不同的女性對名牌包包的喜歡程度（或者需求大小）不同，除了審美情趣的差異外主要是因為價值觀不同。大家心裡都清楚，名牌產品的價值不在於它有多好看，也不在於它的質量有多好，而在於它公平地為其所有者提供了一種體驗奢華生活的捷徑。穿戴名牌帶來的心理享受遠遠超過其實用價值。因此，那些把名牌看作一種符號或身分象徵的人對名牌產品的需求會比較強烈；那些不在乎名牌的「身分效應」的人對名牌產品的需求就比較小。一個比較極端的例子就是大富翁扎克伯格。

有一次，Facebook 創始人兼 CEO 扎克伯格在網上「曬」他的衣櫥，著實讓網友們大吃一驚。大富翁扎克伯格只有 2 件衣服——淺灰色 T 恤和深灰色連帽衫！對此，扎克伯格解釋說：「雖然大家看我每天都穿一樣的 T 恤，但它們並不是一件，我的灰色 T 恤至少有 20 件。」那為什麼不換個造型呢？扎克伯格回答：「我每天早上起來都有超過十億的人在等著我服務，我不想把時間浪費在那些無意義的事情上。在生活中，我總是盡量簡單一些，少做選擇。」原來，這個天才富翁把所有的精力都放在工作上了。他覺得為十億人服務的意義遠遠高於名牌服飾帶來的享受，所以他完全不在乎自己身上穿的衣服是什麼顏色、什麼名牌。

如果全世界人民都像扎克伯格一樣，那些名牌廠商恐怕早就倒閉了。可是目前的現實卻是隨著人們生活水準的提高，名牌產品的市場越來越大。顯然，扎克伯格的價值觀和需求類型與一般人是不一樣的。

美國心理學家馬斯洛曾把人的需求類型分為五個層次[2]，圖 1 中的「金字塔」就是馬斯洛構造的人的需求層次圖。金字塔最下層人數最多，越往上人數越少。

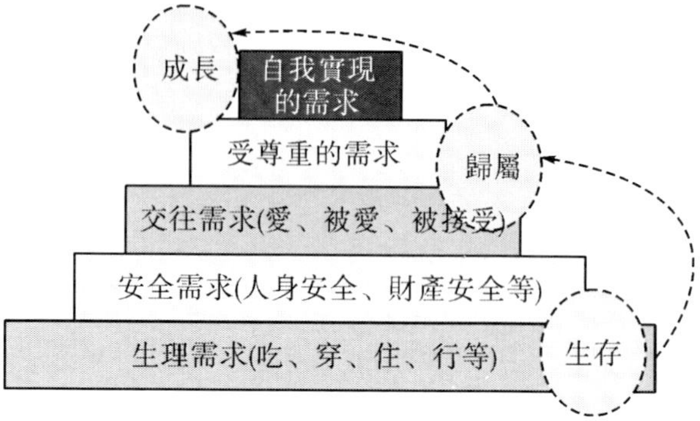

圖 1

第一是生理需求（Physiological needs），包括處於最底層的吃、穿、住、行和生殖繁衍等。生理需求是人與其他動物共有的需求，是自身存在和繁衍的需要，也是人與生俱來的基本需求。

第二層是安全需求（Safety needs），包括人身安全、健康保障、財產保障和家庭保障等。安全需求也是人和動物共有的需求。

第三層是交往需求（Love and belonging），包括友情和愛情等。

第四層是尊重的需求（Esteem），包括自我尊重、自信心、成就感，以及尊重他人且被他人尊重的情感等。

第五層是自我實現（Self-actualization）的需求，即努力實現個人理想和抱負、最大限度地發揮個人的潛能的需求。這是人類所特有的需求，是人的最高要求。人的創造性使得人能夠在發揮自身潛力的過程中體會到自我價值實現的快樂與滿足。

上述五個需求層次又被概括為三種需求類型：第一層——生理需求和第二層——安全需求被歸入類型 I ——「生存需求」，即出於動物求生本能和種族繁衍的本能所產生的需求；第三層——交往需求和第四層——受尊重的需求被歸入類型 II ——「歸屬需求」，歸屬需求是人的社會性的體現，也是人區別於其他動物的本質特徵；最高層次的需求——自我實現的需求被歸結為類型Ⅲ——成長需求，成長需求是人發展到高級階段所產生的需求。處於自我實現階段的人不再滿足於物質生活的享受和所謂的榮華富貴，更看重自己對於社會的存在價值，更願意為社會多做貢獻以實現自身價值。

顯然，扎克伯格的需求類型屬於「自我實現的需求」。所謂自我實現即盡全力將自己的潛能發揮出來，為人類社會謀福利。具有「自我實現」人格特徵的人，只有發揮自己的潛力，為社會做貢獻，才會感到最大的滿足。

一般情況下[3]，人的五種需求像階梯一樣從低到高，按層次逐級遞升的。其中生理需求是最基本的需求。人只有吃飽肚子，從生理需要的控制下解放出來，才能產生更高級的、社會化程度更高的需求。人的需求層次與人們的社會地位具有一定的相關性。已經解決了「溫飽」的人也許更看重精神生活；處於社會底層的人可能更看重「生存需求」。

但這個相關性不是絕對的。個體的需求層次與其生長環境和所受的教育密切相關，所謂「近墨者黑，近朱者赤」就是這個道理。如果一個人常年處於「金錢至上」的環境中，他對金錢的慾望就會很強。環境和教育不僅影響人的需求類型，還會形成人格類型差異。

中國歷史上有「孟母三遷」的故事，說的是孟子的母親為了給兒子一個良好的教育環境，三次搬家，受到世人贊美的故事。《三字經》就有關於「孟母三遷」的教誨：「昔孟母，擇鄰處」，提倡人們學習孟母，選擇好的成長環境。好環境之所以重要，是因為個體的價值觀、處事方式和需求類型都是在社會化過程中形成的。

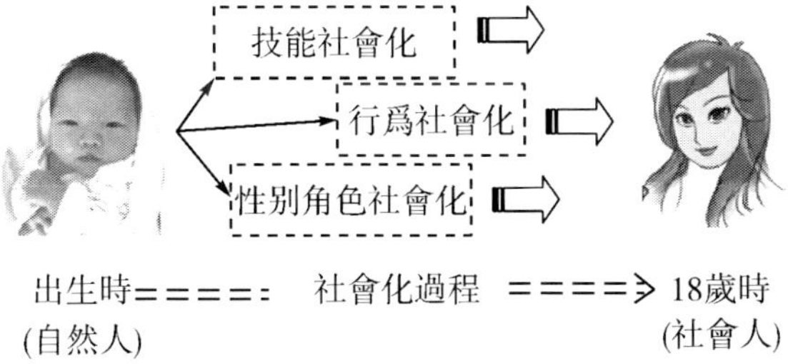

剛出生的嬰兒是一個只具備吃、喝、拉、撒等生物功能的自然人，他必須經歷一個「社會化」的過程才能融入現實社會，成為一個合格的社會成員。社會化是個體走向公共生活的起點。[4]

個體的社會化過程就是在社會文化的熏陶下，使自然人轉變為社會人的過程。通過社會化，個體掌握了知識文化、行為規範、生活技能和生產技能，學會了扮演社會角色，同時在環境的影響下接受社會群體的信仰與價值觀，形成自己的需求模式。

中國民間有「三歲定性」的說法，雖然有些誇張，但一個人的價值觀和需求類型在少兒時期已基本成型，長大後要想改變非常困難。因此，民間擇偶有「門當戶對」的說法。這種說法的合理性在於，生活在相同或相近社會環境中的兩個人價值觀和需求類型比較相近，他們在日後的共同生活中就比較容易形成一致的意見，夫妻間的矛盾會比較少；而生活環境差異過大的兩個人的價值觀和需求類型也會有較大的差異。比如其中一人願意花幾千元來一場「說走就走的旅行」，另一人則認為這完全是浪費錢，還不如給家裡添點好的家當。這樣的兩個人若結合在一起，不發生矛盾才是怪事。

（三）人的需求類型如何影響人的幸福感

前面我們用「饋贈名包」的案例說明了人的需求類型不同，名牌產品之滿足個體需求的效用也就不同。同理，幸福感是人們對於個體需求是否得到滿足以及個人需求滿足程度的評價。個體的需求滿足得越多，人的幸福感就越強；反之，個體的需求滿足的比率越低，人的幸福感就越少。顯然，幸福感與個體需求的滿足程度成正比，而個體需求的滿足程度又與其需求類型密切相關。

為說明這個問題，我們假設兩類人 A 和 B。

A 類人代表了現實生活中「知足常樂」的群體。他們很容易從生活細節中找到幸福。在我們的日常生活中，諸如親人團圓、戀人相依、父慈子孝之類的幸福事件是屢見不鮮的，所以 A 類主體隨時隨地都可以獲得快樂，其幸福指數就很高。

B 類人代表了現實生活中缺失感較重的群體。儘管他們也許不缺乏親情、友情和愛情，但強烈的缺失感讓他常常覺得自己受到了不公平的待遇。所以，在相同境遇下，B 類人的幸福指數要比 A 類人低很多。

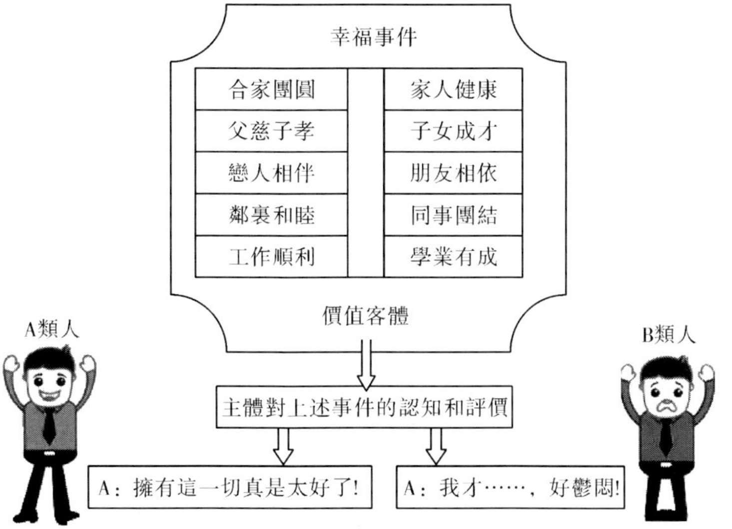

雖然在很多情況下，人的這種「物欲」會成為個人奮鬥的動因和動力。但是在個人的能力與目標差距過大的情況下，過於強烈的「物欲」會成為「不幸福」的根源。

一位曾在知名 OEM 企業做過社工服務的朋友告訴我們，在同樣的生活境遇中，比如同樣是生產流水線上的工人：有的人牢騷滿腹，甚至覺得「前途渺茫」而絕望到要自殺的地步；也有人過得很快樂，他們為「有了穩定的收入養活自己和家人」而感到十分欣慰。

從社會心理學的角度看，二者的工作動機和需求類型有著天壤之別。那些「快樂」的流水線工人有一個共同特點，即他們的工作動機是「養活自己和家人」。「養活自己和家人」歸根到底是一種社會責任。這種社會責任為生產流水線上的乏味工作附加了道德價值。雖然流水線裝配工的收入不高，也沒什麼技術含量，但其穩定的收入來源可以成為個體創業和養活家人的資本，從而給「承擔了責任的」個體一種「道德獎賞」。這種道德獎賞在一定程度上滿足了人的「自我實現」需求，從精神的層面上彌補了流水線工作的價值感不足。而單純為自己的前途而工作的員工則缺乏這種自我獎賞。因為後者思考的視角是個人前途，如果從這份枯燥乏味的工作中看不到前途，那麼這份工作對於他而言就是沒有價值的。人對無價值的工作產生厭倦情緒是不可避免的。

幸福感是人對自身需求、慾望等能否通過現實的手段得到滿足這種情況所做的反思。人的幸福感的強弱一方面取決於個體需求的類型（即你想要什麼樣的幸福，你的價值目標是什麼），另一方面取決於現實的手段（你能用什麼樣的方式去實現你的需求）。

暢銷書作家路野曾經有一本很火的書，叫《女人一定要嫁得好》。[1]這是他為國內第一個找老公「戀愛心理速成培訓班」寫的教程。作者運用心理學的原理，採用軍隊化模式訓練，將女性找老公最重要的過程分為兩門基礎課和九門專業課。其中，最基本的課程是調整學員的價值目標。

路野在婚戀網站「百合網」的朋友說，學習班的學員中有一些特別驕傲的女學員，曾經要求百合網的工作人員根據「高、富、帥」的條件為她列出幾十個名單，然後她一個一個地約會，左挑右選，越挑越不滿意，越挑越差。好像百合網幾十萬註冊男會員中沒有一個配得上她，似乎找不到老公的原因就只有一個——沒有好男人！儘管百合網的工作人員根據戀愛匹配系統的計算為她量身「定制」了多個候選者，但均不能達到她的要求。其中有一個開連鎖店的女學員，一定要找世界500強公司在中國的高管。結果總是她看上別人，別人看不上她；看上她的她又不喜歡。這樣「難對付」的女子居然在短短70天的培訓後找到了滿意的伴侶，真不知路野是怎樣給這些女學員「洗腦的」？

其實路野的這個「戀愛心理速成培訓班」最重要的培訓不是教學員「如何找老公」，而是教育學員重新認識自己，重新認識自己的價值目標。那個開大型連鎖店的女富商按照自己「不缺錢但缺乏精神支持」的實際情

① 路野．女人一定要嫁得好

況調整了自己的需求目標和擇偶標準，當她按照「關愛、體貼，並且價值觀相近」這個極具合理性和現實性的目標去找愛人時，就很容易「馬到成功了」。

有民間婚姻問題調查報告指出，家庭中夫妻關係的改善與家庭成員的需求類型有很大的關係。有時調整家庭成員的需求類型就能挽救一個「破碎家庭」，重新塑造一個「充滿愛」的幸福家庭。

【案例 6】某社區的社工工作站處理過這樣一起離婚糾紛。妻子小 Z 要求離婚，理由很「奇葩」[①]：老公不懂生活，結婚那麼多年他只會做幾樣菜！而當丈夫的覺得很冤枉，說是自己愛妻子，白天上班，晚上回家還要洗衣、做飯，不知道還要怎麼做才能讓自己的妻子滿意。社工師告訴他，問題出在他們兩人的婚姻需求類型不匹配上。他妻子向往富裕的上流社會生活方式；而他則安於過上班干活、下班吃飯的平凡小日子。兩人需求不在一個層面上，因此無論他怎麼做，都滿足不了他妻子的要求。解決這場婚姻危機的關鍵是調整二人的價值目標。

人是慾望的動物。「慾望」的正面釋義是「夢想」，其反面釋義是「妄想」。其實「夢想」和「妄想」之間並沒有明顯的界限。比如，女明星想嫁給男明星通常會被輿論認可，網友們往往還會自發助力幫她實現這個夢想。而普通女粉絲希望嫁給男明星卻被看作「痴心妄想」。曾經就有過女孩因迷戀某位男明星，不切實際的瘋狂「追星」而鬧出家庭悲劇。

夢想與妄想的區別僅在於它們的實現條件是否具備。具備實現條件的慾望是「夢想」，不具備實現條件的慾望就是「妄想」。追求夢想是一種積極的生活態度，而不顧客觀條件去追求幾乎沒有可能性的事則是一種心理疾病。在現實條件不允許的情況下，慾望和渴求過多無疑會增加我們的失落感和缺失感，降低人的幸福指數。

（四）幸福就是你的能力可以匹配你的夢想

幸福，說到底就是人的需求與能力相匹配，可以通過行動來滿足自己

① 原意指奇特而美麗的花朵，現網絡常用以指正常人行為和思維以外的難以想像的行為或想法。

的各項需求的自由狀態。

提升幸福感有兩條路，或者降低慾望，或者提高能力，最好二者兼而有之。當你把自己的需求類型調整到能力大於慾望時，幸福感最強。

反之，物質慾望超出經濟能力—失望抱怨—雙方幸福感降低—更失望、更多抱怨—幸福感更低……

因此，用邏輯理性認清自己的境況，調整自己的需求是提升個體幸福指數的必要條件。給大家分享一個小故事。

心理學老師在給大學生上課時在課間接受過學生刊物《職場起跑線》學生記者的採訪。當時學生記者給出的題目是「您如何面對夢想的破滅？」這些大四學生馬上要離開學校進入職場，他們預感到自己兒時的「偉大夢想」進入社會後隨時都有可能幻滅，心裡有點焦慮、有點失落。所以他們非常想知道，老師是如何面對和處置「夢想破滅」這類不愉快事件的。

採訪時的對話非常有趣。

「從下鄉知青到大學教授，您一路走來遭遇過夢想破滅嗎？」學生問老師。

「可以這麼說，上大學後，我的夢想再也沒有破滅過。」老師說。

「怎麼可能？難道您沒有失敗過？」學生記者驚得眼珠子都要出來了。

老師：「失敗過，但那只是人生路上的小插曲，談不上是夢想破滅。」

「那您能告訴我們為什麼嗎？」學生滿眼期待。

「那是因為從大學起，我就不再有不切合實際的夢想。比如，我年輕時非常喜歡著名電影演員趙丹，可我從來沒有『夢想』過要嫁給他！」

全體釋然。學生們會意後開始哄然大笑……

「哦，明白了！您有夢想，但是沒有不切合實際的夢想，當然也就不存在夢想破滅的問題。」年輕學子終於悟出了其中的原委。

「是的，我從年輕到現在，一直都是有激情有夢想的。年輕時的夢想已經變成了現實，現在我又有了新的夢想。比如，寫一本科普讀物，把自己教了 35 年的專業課全程上網。目前網絡教育課程系列已經錄制完成並且在學校的網絡教學平臺上發布。今後我還會有更多的夢想。我的座右銘是：『生命不息，夢想不止』。但是堅持一條，即所有這些夢想都必須是我努力後可能實現的事情。所以，這些夢想已經或者正在變成現實。」老師這樣回答。

「老師您是說把夢想限制在能力所及的範圍內就不會破滅？」學生問。

「對，夢想之所以會破滅，就是因為夢想擁有者的能力與它不匹配。比如曾有個想嫁給某男明星的女孩最後鬧出悲劇，是因為她的夢想一開始就是一個錯誤。可悲的是，愛女心切的女孩父親沒有理性地糾正女兒的錯誤，反而助她在這條錯誤的道路上越走越遠，最終釀成悲劇。」

對於年輕人而言，夢想就像是他們生命的一部分，夢想破滅，好像生命就失去了意義。一位曾經在流水線企業做過服務的社工說，那些年他們企業發生過 12 起員工跳樓案件。究其原因，說到底都是因為夢想破滅。

近年來成功學盛行，每個人都幻想快速成功，快速致富。急功近利導致人們不願意付出心血和努力逐步進步。剛剛走出農村的年輕人想快速融入城市成為真正的城裡人，處於公司價值鏈底層的員工希望快速升入管理層拿高薪……而在強手如林、社會競爭空前激烈、社會資源和成功的機會極其有限的條件下，他們的夢想會破滅是必然的事情。

年輕人一定要有夢想，有夢想才有努力的方向和動力。但是，當我們要建立一個新的夢想時，一定要用邏輯推理分析一下自己的現實處境，讓我們的夢想具備最大的可實現性。也就是說，想讓自己幸福，就要——**給「夢想」一個「底線」，把夢想限定在自己的能力範圍內。**

那麼如何界定自己的能力範圍呢?

人的能力範圍無外乎兩個方面:先天條件+後天的努力。前者是不能改變的,只能正視它、超越它,後者則取決於你的信心、決心和耐心。

(1) 人的先天條件主要包括基因、家庭出身和所處的社會環境。

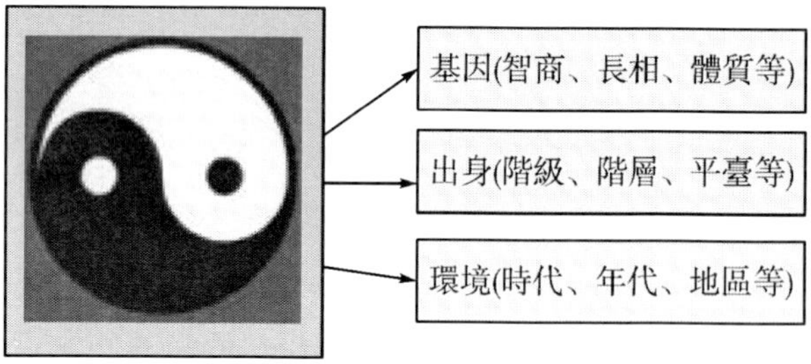

①基因,這是父母給的,個體沒有選擇的可能。

②家庭出身,這不是我們可以選擇的。網上曾流行一句話叫「我爸是李剛」。對於老爸不是「李剛」的底層青年來說,上升的通道如此狹窄,必須付出多倍的努力才能打開自己的一片天。

③大環境,這也不是我們可以自由選擇的。網上不少人總是說歐美的教育如何好。這裡暫且不論觀點是否正確,即便當真如此,大多數老百姓也沒有條件把自己的孩子送出國去,他們只能立足現有條件去規劃孩子的未來。

對於基因(智商、長相、體質等)、出身(階級、階層、平臺等)和環境(時代、年代、地區等)這類先天條件,任何抱怨、吐槽都無濟於事。因為先天因素是一個人生而具有的東西,不以人的意志為轉移,也很難因人的努力而改變。對於這些無法改變的東西,學會「認命」就是解決問題的開始。這裡所說的「認命」並不是消極頹廢、隨波逐流,而是指一個人能夠坦然面對和接受那些生活中無法改變的不利因素,並且根據自己的認知進行調整,找出自己的幸福實現之路。

（2）個人的努力程度決定人的幸福感的第二個要素。

心理學上有一個「一萬小時定律」①，說是一個人如果能夠在一件事情上堅持 10,000 個小時就必有收穫。雖然現代社會階層固化縮減了底層青年上升的空間，但社會流動的浪潮勢不可擋，底層青年創業成功的案例比比皆是。能不能實現夢想，關鍵點在於：你有沒有信心、決心、耐心堅持這 10,000 個小時。

漢語中「命運」這個語詞是個聯合結構，其中「命」是先天的無法改變的東西，「運」則是指機遇，是可以靠自己去把握的東西。

【案例 7】草根明星王某就是一個「逆襲」成功的典型。王某出生於農村，6 歲時開始學習武術，8～14 歲在河南嵩山少林寺習武，15 歲來到北京闖天下，在各個劇組當武行跑龍套。16 歲時被名導演李某挑中擔當主演，一舉成名。人們都說他運氣好，但是沒有他多年的堅持和努力是不可能有今天的。

所以，在不改變夢想的情況下，唯有努力提升能力這一條路可走。

夢想是人的價值目標的具體化和通俗化。價值目標實現了，即「夢想成真」，個體就會因為主體需要得到滿足而感到幸福；反之，價值目標無法實現，個體就會因接連受挫敗而感到痛苦。

「夢想成真」這句話放在中國語境中又可以解釋為「心想事成」（即你有了想法並且成了現實）。能夠經常「心想事成」的人是幸福之人，因為他們的個體需要大部分都得到了滿足。所以能否「心想事成」以及你的人生能在多大的比例上實現「心想事成」是考評一個人幸福指數的客觀標準。

「心想事成」這個幸福標準涉及兩個方面：一個是「心想」，即人的主觀慾望，哲學上稱之為「主體需求」；另一個是「事成」，即主觀慾望的實現情況。主體需求類型不同，「心想」的事兒就不同，需求實現的難

① 作家格拉德威爾在《異類》一書中指出，「人們眼中的天才之所以卓越非凡，並非天資超人一等，而是付出了持續不斷的努力。1 萬小時的錘煉是任何人從平凡變成世界級大師的必要條件。」他將此稱為「一萬小時定律」。

易程度就不同，所獲得的幸福感也就不同。在這裡，「心想」是慾望，「事成」靠能力。當一個人的能力大於其慾望時，他就能「心想事成」、獲得生活的主動權。當你付出了努力而收穫大於你希望得到的東西時，你就會從生活中獲得更大的驚喜和幸福！

反之，當一個人的慾望超出其能力時，他的人生就會陷入夢想不斷破滅的惡性循環之中。那些很難「心想事成」的人大多存在兩個方面的問題：一是「心想」的東西不符合現實；二是「成事」的能力不足。要改變這種境況，跳出「心想事難成」的惡性循環，就必須理性分析自己夢想的可行性，尋求最可靠的夢想途徑，讓自己的夢想匹配自己的能力，是獲得幸福的必要條件。

（五）幸福就是不斷地發現愛

俗話說，幸福的人生基本上是一樣的，不幸的人卻各有各的不幸。幸福是大多數人追求的一種生活狀態。沒有人希望自己的生活不幸福。結婚的時候親朋好友說得最多的一句話就是：祝你幸福！可是面對如此高的離婚率，我們很難奢望讓自己的婚姻長久地保持幸福狀態。

儘管如此，我們還是勇往直前地奔向婚姻，奔向自己夢想中的幸福。並不是所有家庭的幸福大廈都會倒塌，那些越來越穩固的家庭都有一個共同的特點——不斷地發現愛。

從幸福哲學的角度看，不斷地發現愛，會使你的幸福大廈的根基越來越穩固。如前所述，幸福是人的主觀慾望得到滿足後的一種心理體驗。人的主觀慾望得到滿足的次數越多，滿足的層次越高，人們從中獲得的幸福感就越強。所以，不斷地在婚姻生活中發現對方深層次的愛是獲得家庭幸福的重要途徑。也就是說，幸福就是善於發現愛、不斷地發掘愛。

這話當真？聽聽胡老和阿檣一老一小分享給大家的體會就明白了。

胡老的故事：

「我是一個不甘安於現狀的人。一輩子都喜歡『折騰』，年輕時更是『折騰』個不停。對於一個『愛折騰』的人來說，有一個能理解她、支持她的伴侶是多麼重要。1986 年，我在女兒 1 歲時考取了位於重慶的西南師範大學①的研究生。喜訊還沒顧上分享，煩惱就接踵而至。第一個問題是 1 歲多的女兒誰來帶？這個事兒老公早安排好了，說是由他把孩子帶到廠裡上托兒所。第二個問題更讓人頭痛，一旦我離職去讀研，我們住的房子就沒了。」

當時我們住的是單位分配給我的兩室一廳　　。在 20 世紀 80 年代的成都，擁有這樣的兩室一廳是多少年輕人的夢想。可是按照當時的政策，單位的房子只對職工租賃，職工一旦離職就必須把房子退還給單位。當時還沒有社會房屋租賃業務，城市人口的住房問題主要靠單位解決。我若去讀研，這房子就得退回去，老公的單位又沒有分配住房，那往後我們一家人住哪裡？當時為了給年幼的孩子一個安身之所，我都想過放棄讀研。」

「但是老公的一席話讓我讀研的夢想成真，現在回想起來還讓我特別感動。他說，『房子以後會有的，可是讀研的機會以後不會再有了。』『這次你考上了不去，以後就再也不會去考了。』『讀研一直是你的夢想，現在就為了房子這麼輕易就放棄了，你可能會後悔一輩子的。』『我不想看到你因為後悔而痛苦一輩子！』『放心去讀研吧，房子的事我來想辦法！』」

「就這樣，我背起行囊去了重慶，老公留在成都帶孩子。我們把部分家具寄存到親戚家，一家三口擠進了公公婆婆專門為我們騰出的小房間。真的特別感謝兩位老人家！沒有他們的理解和幫助，我這研究生是讀不成的。」

「我們在這個小房間裡生活了 5 年，女兒在這裡慢慢長大，晚上就睡在沙發上。沙發靠背上就是我的書架……在這樣擁擠的環境中生活多有不便，其間我有時都後悔當初的決定，可老公從來沒有後悔過！」

胡老的愛人是一個不善言辭的人。這類人很少甜言蜜語，甚至一輩子都說不出「我愛你」這句話。所以，理解這類人的愛更要靠心去發現。比如說支持老婆丟了住房去讀研這件事，很少有男人能這麼豁達！多年後他

① 西南大學前身，2005 年 7 月與西南農業大學合併組建西南大學。

的朋友們開玩笑時才透露，當時其他人全都反對他支持老婆讀研。說是「房子上交了，娃兒你帶，小心人財兩空！」他朋友的話並非全無道理，因為社會中有過這樣的「前車之鑒」。這些喪氣話，他當時從未向老胡透露一點。

這類人也許一輩子都不會給老婆在網上秀「情人節禮包」的機會，但他卻是真正認可對方的價值，懂得對方的需求，理解對方情感的人。他的行為明明白白地告訴愛人，***「我理解你，欣賞你，願意支持你的夢想。」***能夠嫁給這樣的人，內心的安全感絕對勝過任何甜言蜜語、海誓山盟帶來的幸福感。當一個女人懷著這樣一顆感恩的心生活在家庭中時，她就會覺得自己就是最幸福的人。這樣你就能夠理解，胡老這個按老一輩的標準算是「事業有成」的女人為什麼會心甘情願地為老公煮了 35 年的早餐。

這樣的故事不光老一代中有，年輕一代中也有，只要用心去發現。

阿檣的故事就很能說明問題。

「結婚前我曾幻想過當一名全職太太。想像著不用上班該有多麼美好！早上可以賴在被窩裡，不用再被固定的鬧鐘叫醒；平時想做什麼就做什麼，不用再朝九晚五地奔波；自己的時間自己做主，不用再看老板的臉色……興起時約朋友喝點下午茶，優雅地坐在陽臺上看著街上熙熙攘攘的人群；或者讀點書，寫點演講稿之類的小文章；週末烤些蛋撻、做個烘焙，呼朋喚友來家裡聚會。」

「直到有一天我和老公聊天。老公很堅定地告訴我，『假如哪天我們的孩子沒人照顧就請保姆。即使你出去工作賺的錢和請保姆的錢一樣多，我也會讓你去上班。』當時我特別不能理解，難道他那麼放心保姆帶孩子嗎？難道他就那麼想讓我累死嗎？我是不是嫁錯人了？是的，那一刻我覺得自己很委屈，也覺得特別不能理解老公的想法。」

「直到我生完寶寶休了半年的產假才明白，在家帶孩子、做家務比到單位上班累十倍都不止！因為上班還有個下班時間，帶寶寶就根本沒有下班時間。一天 24 小時連軸轉，既沒有週末也沒有節假日，寶寶的哭聲就是『命令』。這『命令』一來，哪怕我困得睜不開眼睛也得強打精神『衝鋒陷陣』!」

「在那半年的時間裡，我每天的時間看似很自由，其實根本就沒有看書、寫作的時間。家裡彷彿有做不完的事。做飯、洗衣、帶娃等，一件跟著一件，根本沒有可供自己支配的時間。甚至連看電視的時間也沒有!」

「天天待在家裡我感覺自己快要與社會脫節了，以至於後來在街上看到共享單車都不知道是什麼東西。寂寞，白天沒有機會和人接觸，我每天最盼望的事情就是等老公回來拉著他聊天。而且因為沒有時間運動，人也變胖了，自己都覺得自己彷彿已經變成了一個『大媽』，可是我才二十多歲啊。這時我終於明白，咱們所謂的『全職太太』大部分是不領工資的『全職保姆』。老公之所以不想讓我辭職回家帶孩子，是因為他不想讓我變成『全職老媽子』啊!」

「和胡老一樣，我也是一個想法多、喜歡折騰的人。2010年到深圳工作不久後，我就找到了自己的業餘愛好——演講。我參加了頭馬國際演講會（Toastmasters International），結識了一群熱愛演講的社會精英。我經過勤學苦練，2015年成為Toastmasters International 85區最佳辯手，2016年成為Toastmasters International中國區英語演講冠軍，也是Toastmasters International中國區最年輕的冠軍。我還有一些夢想：做一個演講教練，寫一本學習演講的書，開一個教演講的直播平臺……所以，無論老公掙多少錢，我也不會甘心做一個平庸的家庭主婦。」

「後來我和老公再次聊到這個話題，我說我這輩子都不想當家庭主婦。老公說，『是啊！我一直認為家庭主婦是世界上最辛苦的工作。我也一直知道，演講、上課、寫作之類的事情會讓你感到快樂，所以我才說如果家裡沒人帶小孩子就請保姆嘛!』」

「那一次我才知道之前是錯怪老公了，我當時沒覺得這是一種幸福，是因為我沒有理解他對我深層次的愛。老公不希望我犧牲自己而成就家庭，他希望我能發展我自己的事業，做我喜愛的工作，實現自我的價值。」

應該說，阿檣是非常幸運的。在這樣一個浮躁的年代，還能遇到這樣一位懂你所想、知你所樂、願意為老婆的夢想盡其所能的男人，真的是太難能可貴了。這樣的愛不顯山露水，需要我們用一雙慧眼去發現；需要隨著自己成長去慢慢理解和感受。有些愛如果不去領悟可能一輩子都無法察覺。所以，當你覺得自己不幸福時，就去發掘自己身邊那些深層次的愛吧。

三、邏輯理性助你培養健康人格

（一）知書達理如何塑造健康人格

中國古話就有知書達理一說①。贊美一個人知書達理即是贊其有知識、懂事理。

知書達理，用現代人的觀點看就是懂得人生真諦、知曉道德倫理、遇事理性、做事有原則的人。與知書達理的人交往，我們不用擔心自己被誤解，也不必憂慮對方是否會算計自己。所以，知書達理的人討人喜歡，容易合群。知書達理作為一種行為風格和處事方式在心理學中被稱為人格類型，一旦形成就具有一定的穩定性。

美國心理學家伯格認為[5]，人格可以定義為源於個體自身的穩定行為方式和內部過程。它包括兩部分內容：一部分是穩定的行為方式，人們可以跨時間、跨情境地審查這些穩定的行為方式；另一部分是內部過程，即是在人的內心發生的、影響著人怎樣行動、怎樣感覺的所有情緒、動機和認知過程。舉個例子，當我們說「這不像是她的行事風格」「他這個人做事就是那麼認真」的時候，就是在承認個體人格上的穩定性。

---

① 出自元・無名氏《馮玉蘭》：「只我這知書達理當恭謹，怎肯著出乖露醜遭談論。」

人格的形成要受社會大環境、家庭小環境、所受教育和個人修養等因素的影響。其中，邏輯推理對於人的知書達理起著決定性的作用。知書達理貴在明事理。

【案例 8】朋友講的故事：「情人節的夜晚，辦公室裡只剩下了我這只『單身狗』和一個已經結婚生子的女同事在加班。這兩天因為甲方工程上催得緊，加班並不稀奇。可是今天是情人節啊！公司裡那幫結了婚或者談了戀愛的家伙都準時下了班。我呢，因為不想出去被『虐』就留下來陪著女同事加班。女同事一直在燈下趕圖紙，好像今天和平常的日子沒什麼不同。快十點了，她還沒有一點兒要離開的意思。我好意提醒她『今天是情人節耶!』言下之意是『她應該回去和老公過節』。女同事眼睛盯著電腦、手握鼠標，頭也不抬地答了一句『我們不過情人節，只過結婚紀念日』。這女人一副『我們不需要情人節』的不屑表情，頓時讓我覺得她好超凡脫俗！就那麼簡簡單單一句『我們只過結婚紀念日』就宣告了自己的感情堅如磐石，賺足了面子，又化解了同事的『八卦』。」

這類女子在民間常常被譽為「知書達理」的好媳婦。她們明事理，不會因為丈夫掙錢少而嫌棄，也不會因為老公沒空陪她而埋怨。能娶這樣知書達理的女子為妻的男人確實是有福之人。

知書達理的反面是不明事理。曾有網友訴說因為沒有給女友買情人節禮物而被分手的事。

我們天天都是情人節啊!
情人節都沒表示他還愛我麼?

知書達理的前提是利他人格，遇事能自覺地站在他人的角度思考。不僅如此，其思考還必須符合邏輯，才能讓自己心平氣和地接受。

那個不過情人節的女同事的話中實際包含著這樣一個邏輯推理：

如果兩人是相愛的，即使不過情人節，感情也不會變味；

如果不愛了，即使情人節過得再浪漫也是無濟於事；

所以，無論過不過情人節，都不會影響他們的夫妻感情。

當然，強調理性對待情人節並不是要忽視情人節。世界上的人千萬種，對於情人節的態度當然也是千差萬別的。已婚夫妻贈送情人節禮物能增進感情，戀愛中人每天都希望收到情人節禮物也無可厚非。問題在於，情人節並不是愛情和婚姻的基礎，我們不能因為是否「過節」就懷疑對方的感情。

現代人生活壓力大，男人可能更是「鴨梨山大」。在這種情況下忘記「情人節」，忘記對方生日之類的事情完全可能發生。作為一個「理性人」，雖然也會為這種事情有點兒「小失望」，但他們會理性處置這類小差錯，用適當的方式進行補償。因為他們知道，愛情是兩個人的事情，每一方都有權利接受愛，也有義務奉獻愛。雙方是平等的，想過情人節，誰先表示都合理。如果只要求對方先表示，卻不肯設身處地為對方著想，就是人格上不成熟的表現。

以上兩種對待情人節禮物的態度源於兩種人格的衝突。

弗洛伊德在 1923 年出版的《自我與本我》[6]一書中，將人格類型從低到高分為「本我」「自我」和「超我」三種類型。

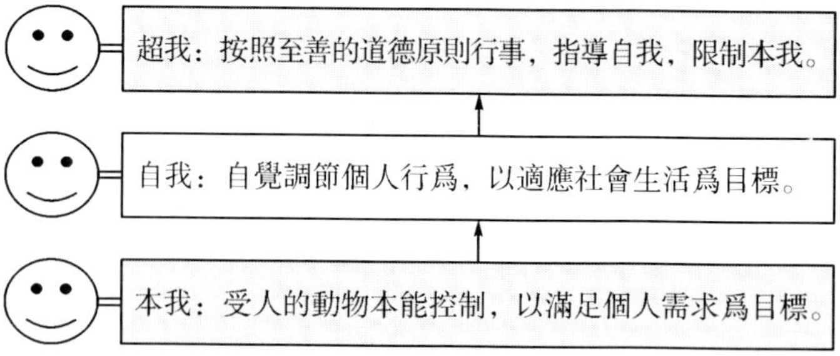

超我：按照至善的道德原則行事，指導自我，限制本我。
自我：自覺調節個人行爲，以適應社會生活爲目標。
本我：受人的動物本能控制，以滿足個人需求爲目標。

其中，「本我」是人格的初級階段。所謂「本我」，指的是最原始的我，是天然、自然之我，是生而有我之我。也可以說，「本我」即源自人

的動物本能的我，是保有趨利避害天性的本能的「我」。「本我」體現了作為動物的人的基本需求，其特點是趨利避害、追求享受。弗洛伊德舉例說，剛出生的嬰兒就處於「本我」階段。處於「本我」階段的人只追求感官的愉悅，不考慮外界環境的條件。如嬰兒想吃奶時從來就不會考慮母親是否方便哺乳。同理，那些具有「本我」人格傾向的成年人也是按動物的本能行事，像不成熟的嬰幼兒一樣要求他人滿足自己的需求，卻絲毫不考慮別人是否方便。

人格類型停留在「本我」階段的個體，凡事以我為中心，很少考慮對方的處境和感受，以能否滿足自己的要求為衡量是非對錯的標準，順我者則優，逆我者為劣。因此，具有這種人格特徵的個體在日常生活中很難與周圍的人和諧相處，其「受尊重的需要」和「愛與被愛的需要」也難以獲得滿足。

而人格上更為成熟的個體在遇到問題時則會換位思考，採取更為理智的方式處理危機。如案例 8 中那個不過情人節的女同事用「我們不過情人節，只過結婚紀念日」這個合情合理的解釋化解了矛盾，既讓自己擺脫了「被八卦」的尷尬處境，也不失顏面。

這就是一種理性處理問題的方式。能以理性方式處理問題的人大多具備「自我」的人格特徵，即善於為他人著想，自覺按照社會規範的要求調節自己的行為等。「自我」人格類型的個體在日常生活中經常會有一些利他行為，因而他們更受歡迎，更容易與他人和諧相處，其「受尊重的需要」和「愛與被愛的需要」也更容易獲得滿足，其幸福感會比較強。

「自我」是由「本我」轉化而來的。「本我」轉化為「自我」的過程被稱為「社會化」。所謂社會化即從自然人轉化為社會人的過程。如嬰兒會被要求按時就寢、按時用餐，幼兒園和小學的孩子會被要求遵守課堂紀律等。當孩子們學會了自我約束和替別人著想時，「本我」便轉化為「自我」。

「本我」能夠轉化為「自我」，與人的高層次精神需求是分不開的。按照馬斯洛的需求層次理論，人有「交往需求」和「受尊重的需求」。實驗觀察，即使是幾個月大的嬰兒也有社會交往和受尊重的需要。比如小寶寶受到誇獎也會開心地笑。

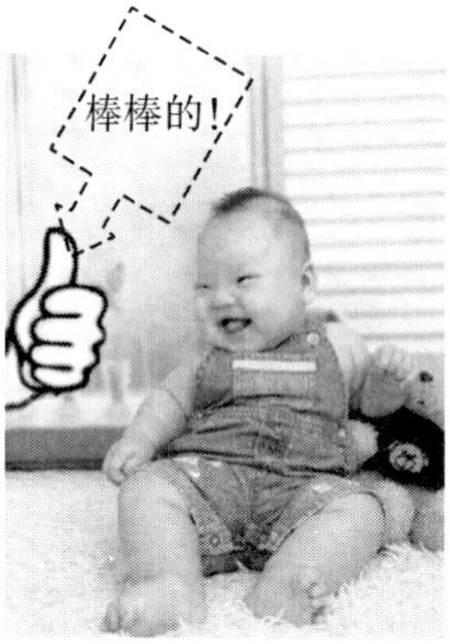

一個攝影師在為嬰兒拍攝百日照時豎起大拇指對著寶寶大喊「棒棒的!」不曾想這個剛滿 100 天的小家伙立馬開懷大笑，一副很「受用」的表情。這麼小的嬰兒雖然看不懂攝影師手勢，也不一定明白語言的含義，但他用微笑回應攝影師的逗弄，說明他喜歡與人交流，也有交往的需要和受誇獎的需要。

按照馬斯洛的需要層次理論，交往和受人尊重的願望是「生物人」轉化為「社會人」過程中最先出現的社會性需要。比方說，中國孩子學會的第一個價值命題是「乖」，其次是「棒」。「乖」就是對孩子遵守規則的贊美，「棒」是對孩子取得某種進步的贊美。成人特別是父母和教師的贊美或懲罰教會了孩子什麼事情是應該做的，什麼事情是不能做的。經過幾年的社會化過程，孩子已經掌握了基本的社會規則。因此，我們會發現，幼時那個蠻不講理、撒潑耍賴的「小魔王」變得懂事了。

大部分兒童在 3 歲入幼兒園時就已經學會了遵守規則，到學齡前期已掌握了基本的禮儀和道德規範。正常的社會化過程（家庭教養和道德環境）能夠幫助個體逐漸從「本我」過渡到「自我」。因此，在正常環境中長大的個體在年滿 18 歲以後，其人格類型就從「本我」升級為「自我」，並成為一個有道德、有信念、有同情心、有同理心和自制力較強的合格社會成員。

而一小部分成年人其人格類型仍然停留在「本我」階段。這類個體通常比較自私、性格偏執、脾氣暴戾。當然，他們中的絕大部分人是奉公守法的好公民，也是遵守紀律的好員工，其「本我」人格傾向主要表現在私生活領域，如家庭交往、朋友交往等。他們通常在公共場合表現得非常大度和樂於助人，但在私生活領域卻對自己的家人或者最親密的朋友索取無度。稍作觀察你就會發現，那些極端自私的人在童年時期都經歷過某種畸形的成長環境，如遭遇家庭變故、受過歧視或被過度溺愛等。這些經歷使其極度缺乏安全感。他們行為上的「自私自利」實際上是對童年時的「缺乏感」的心理補償。

因為個人的私生活領域既沒有強制性的行政規範，也沒有輿論的監督和道德的指責。在這個領域人的本性最容易暴露無遺。所以，擁有著「本我」人格特徵對個人的職業生活影響不太，卻對私生活影響顯著。「本我」人格特徵的個體在私生活領域的行為模式主要是「趨利避害」，經常處於需求難以滿足的狀態，因而會比較欠缺私生活領域的幸福感。

相對於「本我」人格特徵的個體的本能衝動，那些具有「自我」人格特徵的個體更願意換位思考，能夠更多地為他人考慮。他們不僅在公共生活領域能夠自覺遵守社會規範，即使在私生活領域，他們也願意約束自己，嚴以律己、寬以待人；索取更少、奉獻更多。在現實生活中，個體奉獻多，回報自然多；索取少，期望自然容易滿足。因而具有「自我」人格特徵的個體比人格上不成熟的個體更容易獲得幸福感。

當社會規範內化為人的內心需要時，個體的人格類型便從「本我」或者「自我」進化到「超我」。「超我」即「超越自我的狹隘性」。「超我」是人格的道德部分，是道德化了的「自我」，也是最高層次的人格類型。

按照弗洛伊德的人格理論，擁有「自我」人格特徵的人只是一個能夠遵紀守法的人，還不是一個追求至善的「道德人」，其遵守社會規範的動機可能來自輿論或國家機器的壓力。而具有「超我」人格特徵的個體則把為社會做貢獻作為自我價值實現的途徑。「超我」的道德表現就是良心，如即使無人監督也努力工作，暴雨天遇見馬路被衝毀主動蹲守報警等。具有「超我」人格特徵的人在心理學中也被稱為奉獻型人格，即樂於奉獻，把為社會或者他人服務當作自我價值實現的途徑。因此，他們更少抱怨，更多地做事，更容易獲得支持和幫助，因而他們也更容易成功，更容易獲得幸福。

（二）奉獻型人格中的道德因素和理性因素

在生活中你會發現，有些人做事總是先為他人著想，奉行「寧可人負我、我決不負人」的做事原則。心理學根據這種行為方式的特點將其定義為「奉獻型」人格。

奉獻型人格，亦稱為助人型人格（The Helper），是健康人格的表現形式之一，屬於較高層次的人格類型。其主要人格特徵是追求「給予」，並且能在給予過程中獲得快樂。

【案例 9】2012 年，北京小伙小樊用輪椅推著媽媽去旅行的故事感動了很多人。小樊的媽媽寇女士今年 50 多歲，因為小時候患小兒麻痺症，落下了終身殘疾。她有個多年來未圓的夢想，那就是到全國各地去看一看。為了幫助媽媽實現這個夢想，小樊推著媽媽的輪椅從北京的家裡出發，徒步走了 3,000 多千米，用了 100 天的時間，跨越 7 個省市，到達了西雙版納。

有人誇他孝順，也有人說他活得完全沒有「自我」。他卻認為這就是最真實的「自我」。因為「看到家人快樂我就快樂，沒有什麼比看到母親臉上的笑容更讓人開心的事情啦！」

奉獻型人格中的理性因素是指具有奉獻型人格的個體自覺地把社會和他人作為價值主體，不斷地把自己的價值目標調整為與社會目標一致，從而獲得了良好的社會適應性。就人的生物性來說，人的本能是趨利避害的。奉獻型人格的人能夠克服自己的動物本能，將造福他人看作一種快樂，因為他們的理智和理性使他們堅信，道德和良心是做人的根本。

良心，源自儒家名詞，是指被現實社會普遍認可並被自己認同的行為規範和價值標準。《孟子・告子上》曰：「雖存乎人者，豈無仁義之心哉？其所以放其良心者，亦猶斧斤之於木也，……」朱熹集註：「良心者，本然之善心。即所謂仁義之心也。」「良心」，會使人們在履行對他人和社會的義務過程中得到的價值實現感和正面的自我評價，使人的最高需求——自我實現的需求得到滿足。這種良心的榮譽能增加人的自譽感和自信心，強化個體的自我肯定，幫助人們通過自譽感受到幸福。

這裡給大家講一個真實的故事。

【案例 10】12 年前，一個名牌大學畢業的年輕人小 Z 在廣州的一個知名設計院謀了份收入不錯的工作。因為身處「北、上、廣、深」一線城市，想來此地發展的外地同學和同鄉很多，但是找個可心的工作也不是那麼容易的事兒。於是，這位熱心腸的「童鞋」便主動地打電話招呼那些「飯票」還沒有著落的校友或同鄉在他租住的小公寓裡落腳。當然光是免費住宿還不夠，在客人沒領到薪水前他還得管人家的一日三餐。

畢業頭幾年，到底有多少同學、同鄉在小 Z 的小窩裡「混過食宿」，他自己也記不清楚了。只記得眾多同學、同鄉的「食宿」讓他這個本來收入不錯的小白領每個月都成了「月光族」，有時還得靠父母接濟才能熬到下月發工資。就這樣，他仍然無怨無悔地接濟著，直到大家的經濟狀況好轉。這些同學中有些大器晚成的，現在事業比他做得還大。

印象最深刻的是他的一個上下鋪的哥們兒小 L。當年因為眼光高，半年也沒找到心儀的工作，就在他這裡免費吃住了整整 182 天！過年發「利市」錢的時候他也給這哥們兒發了一份。雖然錢不多，但這份情把那哥兒們感動得不行。後來小 L 發達了，當了老板，在事業上給了小 Z 不少回報。

也許有人問，助人為樂者萬一遇到恩將仇報的人，你還樂得起來嗎？當今社會恩將仇報的現象的確不可避免，但其發生的概率是非常小的，至少那個年輕人沒遇到過。即使遇到，奉獻型人格的人也能想得開。因為他們做好事的動機源於助人為樂，本來就沒想過回報。

在這裡，「想得開」就是一種理性思維。理智和理性告訴小 Z，「助人」是他力所能及的事情，如果朋友有難，自己袖手旁觀會自責。如果想讓自己的內心安寧，他就必須伸出援手。至於對方是否回報以及何時能夠回報則是一件不可控事件，人不必為不可控事件去煩惱。

雖然奉獻型人格的人做好事不求回報，但他們會因為做好事而「得道多助」。比如上述案例中的小 Z 能有今天的大事業與他的「得道多助」是分不開的。因為「得道多助」，奉獻型人格的人還會更容易獲得愛情、友情和親情。因為樂於助人又不求回報，他們成為生活中、職場上、生意場上最受歡迎、最受信任的群體，從而為自己累積了大量的人脈資源。一旦有機會，那些被他幫助過的人就會想方設法地回報他；被他諒解過的人因為內疚總想補償他。有那麼多人想為他做事，想不成功都難。

（三）寬容善良背後的理性思考

在心理學中，健康人格是指各種良好的人格特徵，如樂觀向上、寬容豁達、勇敢正直、善良友愛等在個體身上的集中體現。其中，寬容和善良是健康人格的首要標準。

擁有健康人格的人自信又寬容、豁達，他們很難被激怒，在遇到非原則性衝突時能主動採取「退讓」策略，以寬容之心對待他人之過錯，「退一步海闊天空，忍一時風平浪靜」，最終達到化干戈為玉帛的目的。

在生活中，我們總會看到一些「好脾氣」的人。有沒有發現，這些好脾氣的人都有一個共同特點，那就是遇事理性，分得清輕重。遇事理性會讓他們避開「焦慮與仇恨」的「費斯汀格陷阱」，分得清輕重會讓他們心甘情願地採取「息事寧人」的策略。他們在應激狀態下能夠表現得寬容大度，是與其內在的邏輯理性分不開的。

這裡給大家講一個「化干戈為玉帛」的小故事來說明這個道理。

【案例 11】一天上午，某部門會議即將開始。先到場的員工三三兩兩地散坐在會議室裡，有的在看報紙，有的在改方案，也有的在聊著一週的見聞。突然，一聲呵斥打斷了會場的和諧。原來一位坐在後排的老員工被前排女主管放在桌子上的電腦包擋住了視線。本來這也不是什麼大不了的事情，提醒對方把包拿下來就行了。可是那天老員工可能心情不太好，就借題發揮把那個「闖禍」的馬大哈狠狠地羞辱了一頓。

只見他噌地一下站起身來，大聲呵斥道，「怎麼把包放在這裡，太沒教養了！」說完氣哼哼地往門口那張已經坐滿了人的長沙發上擠，直接把坐在另一頭的人擠下了沙發。

這突發情況頓時讓在場的所有人都面面相覷，更是一下子把那個女主管置於非常尷尬的境地。

那天是兩個部門合併後的第一次例會，很多員工是頭回見面。他突然鬧出這麼大的動靜，頓時讓會場的氣氛緊張起來。眼看著一場「暴風驟雨」就要來臨，那個被當眾羞辱的女主管雖然被氣得滿臉通紅，卻控制住了自己的情緒沒有發火。

女主管站起身，從容大度地從桌子上拿下電腦包，輕輕地說了句「對不起」，繼續聽頭兒布置工作。會場上鴉雀無聲，一場即將爆發的「口水戰」就這樣無聲息地被平息了。

女主管在應激反應時表現出來的寬容、忍讓、理智、顧全大局等行為特徵既是其健康人格的表現，也是其理性思考的結果。

此時，這位被羞辱的女主管面臨著以下兩個選擇：

或者與對方針鋒相對，據理力爭 A；或者退一步海闊天空 B。

◆如果A（不顧一切地迎戰這位當眾羞辱她的老員工），則C（事情會變得更糟糕）。
◆如果B（退後一步，不與其計較），則D（事情有可能會朝著好的方面發展）。
所以，要麼事情朝壞的方向發展，要麼事情朝好的方向發展D。

作為理性人，當然要選擇「退一步海闊天空」的策略。這位女主管在自己的人格尊嚴被冒犯的情況下仍然能夠做出理性選擇，是因為邏輯直覺能夠幫助主體在應激反應時做出理性選擇，從而避免焦慮和憤怒引發的更壞的結果。而這種邏輯直覺經過時間的沉澱，會進一步強化個體寬容善良的人格特徵，使他們得到更多的尊重和關愛，他們的幸福感比那些整天「羨慕、妒忌、恨」的人要高無數倍。

生活中有一個十分有趣的現象，就是那些還不具備辨識能力的嬰兒都喜歡長得「面善」的人。五六個月大的嬰兒會「認生」，但他們對慈眉善目的人常常會「網開一面」，人家要抱，他們就會笑呵呵地張開雙臂。嬰兒的「認生」反應是一種自我保護本能，這種本能使得嬰兒能夠避免某些來自陌生人的傷害，同時又使他們有機會獲得他人的友善和寵愛。

不僅是嬰兒，幾乎所有的人都喜歡寬容、善良的人。因為「寬容」意味著大量、大度、大氣，能夠諒他人所錯，不與人斤斤計較；善良意味著他們願意急他人所急，解他人所難。與這類人相處會讓人感到輕鬆、舒服、無壓力。因此，寬容善良的人格類型更受人歡迎。這類人更容易獲得良好的人際關係，事業、家庭均美滿的概率更大。

不僅如此，寬容善良的人格特徵還會表現在面相（表情）上，使其「慈眉善目」招人喜歡，並且因為「得道多助」而更容易取得事業上的成功。

關羽　竇爾墩　張飛　曹操

中國古代有「相由心生」的說法。據說唐朝裴度少時貧困潦倒。一天，他在路上巧遇一行高人。高人看了裴度的臉相後，發現裴度嘴角縱紋延伸至口，一副愁容滿面的樣子，便勸勉裴度要努力修善。裴度依言奉行，日後又遇一行高人，高人看裴度目光澄澈，臉相完全改變，告訴他以後一定可以貴為宰相。這個典故想要說明的道理是，裴度前後面相的變化差別是因為其不斷修善、斷惡、耕耘心田，相隨心轉的結果。

我們不必追究這個典故真實與否。在現實生活中，我們總會得到相似的體驗。連嬰兒都喜歡慈眉善目的人，何況成人。從心理學的層面來說，「相由心生」有一定的科學依據。如果一個人具備寬容、善良的人格特徵，他的儀容外表受心靈思想因素的影響會表現出相應的特點。雖然一個人的精神世界是內在的，但是其思想感情會通過人的語言、動作、表情等給人外在的直觀感受。一個身心健康、寬容善良的人，給人的感覺通常是慈眉善目、神採奕奕；而一個自私自利、工於心計的人通常眉頭緊鎖或鬱鬱不舒。在日常交往中，人們會本能地接近前者、排斥後者。雖然這種出自本能的判斷不一定都是正確的，但是「面善」確實會給人帶來更多的機遇。

寬容和善良的人往往具有良好的社會適應性。他們具備在複雜多變的社會環境中做出最適合生存的反應的能力，能與他人及社會環境相互作用並保持良好的人際關係。他們知道如何結交朋友、維持友誼，知道如何幫助他人和向他人求助，善於聆聽他人意見和表達自己的思想，以負責任的態度在社會中找到自己合適的位置。在發生矛盾時，他們習慣於站在他人的角度思考問題，而不糾纏於一些小得小失，因而很容易化解利益糾紛，有化敵為友、化干戈為玉帛的能力。他們更容易獲得幸福的道理如同霍家拳的秘籍：借力，化力，把別人的攻擊之力化解為「無力」，從而為自己贏得更多的可以掌控的「空間」。

（四）誠信人格是人類理性自主選擇的結果

誠信人格是一種穩定的、合道德的、跨時間跨情境的行為方式。人對誠信品德的長期堅守可以轉化為一種固定的行為模式——健康人格，影響並決定人的行為選擇。誠信人格仿佛為人們築起一道自律的牆，具備這種人格的人在任何時候都不會越軌。因為當遵守規範成為一種習慣時，任何越軌行為都會讓他們感到良心不安。

【案例 12】2017 年 10 月，大連市民小畢在買到二手房進行翻新的時候，發現了主臥的床頭裡有一個黑色的包裹。包裹裡有金銀首飾、古董錢幣，還有舊版錢幣和手錶。小畢當即將包裹送到了派出所。民警們拿到包裹，立即聯繫了前房主，可對方卻說東西不是自己的。就在大家犯難之際，民警們又在包裹裡發現了一張以李姓女子姓名開戶的存款單。可民警一查，戶籍系統顯示這名女子已經去世了。後來民警聯繫到她的女兒韓大姐。到了派出所，韓大姐一眼就認出了這是母親留下的遺物。[①]

【案例 13】20 世紀 80 年代初，一個大學生到學校附近的農貿市場買水果，中午回宿舍後發現小販多找了他一元錢。那個年代 1 元錢不是太小的數目，想著那位汗流浹背的老鄉，拿著這「不屬於自己」的一元錢，他坐立不安，中午飯沒吃完就頂著烈日走了兩千米路還錢去了。

雖然兩個年輕人屬於不同的時代。但他們對誠信人格的堅守是一樣的。對於這些誠實的人而言，他們寧願麻煩自己也不願承受良心的譴責。這是在道義上的堅持，是自律已經成為信念深入其骨髓的表現。誠信人格一旦形成，就會固化為一種行為模式，在任何時候任何場所都不會改變。因此，誠信如果成為一個社會普遍的人格特徵，將會大大地節約人際交往的成本、減少人際交往的風險。因為在誠信交往中，人們不必擔心借錢人故意欠帳不還，也不會顧慮結婚對象有騙婚、騙財的傾向，更不用擔心自己會買到假冒僞劣食品。

---

① 案例來源：https：//v. qq. com/x/page/p05638ipq9o. html? ref_ vid=u0563zjncsx。

誠信人格的形成是人類理性主動選擇的結果。人類很早就認識到誠信在社會交往中的重要性，因此，誠信教育在古代社會就被提倡。中國的儒家學說把誠信寫進了「五常——仁、義、禮、智、信」中，儒家「五常」貫穿於整個中華倫理之中，成為中國價值體系中的最核心的因素。在西方近代社會，「誠信」條款更是被寫進了法律法規、合同條款和教科書中。

瑞士人很早就將「誠信」入法。1907 年，瑞士國會通過的《瑞士民法典》是世界上最早制定的民法典之一。這部法典的第二條規定，任何人行使任何權利，或履行義務，均應以誠實信用為之。這使誠信原則成為民法的基本原則。在瑞士國家公務員中，有一個職位叫「價格先生」，專門負責監督餐飲、醫藥、旅遊等行業的定價，防止不法商人哄抬物價。但自設立這一職位以來，很少發生「價格先生」處罰不法商販的事件。因為在瑞士，商家倘若一味追求利潤，不誠信經營就沒有立足之地，早晚會被市場淘汰。許多瑞士服務行業都實行事後付帳的方式，將帳單寄到家中，在規定的日期內支付，其基礎靠的就是信用。

在德國，誠信教育與誠信管理是相輔相成的。德國以社會信用記錄為依據監督社會成員是否遵守社會秩序。德國中央銀行設有專門掌管社會成員包括企業和個人信用信息的服務機構，從事信用評級、信用管理等業務。這一任務由德國的信貸信用保護協會承擔。德國的各金融機構均是該協會的成員，一旦客戶出現信用問題，如惡意透支信用卡或不及時還款，都會被記入資料庫。而有過不良信貸信用記錄的客戶在今後的生活中會碰到很多困難，如申請貸款時會被拒絕或者支付高利率，要想用分期付款方式購買一些大件商品時也會被商家拒絕。即使在日常生活中，這種監督也無處不在。就拿乘車買票來說，如果逃票被查到，就會被寫入個人的信用記錄，成為終生的污點。

與「誠信人格」相反，「失信」則是一種病態人格。失信者習慣性地破壞社會規則，最終會為自己的錯誤付出慘重的代價。有人力資源管理專家指出：「職場誠信無小事，各種細節體現的正是職業操守。」特別是一些研發、財務、管理等特殊崗位，對職業誠信的要求更高，公司和 HR（人力資源管理部門）會直接將那些登上「誠信黑名單」的不守信用者拒之門外。下面這個例子很能說明問題。

【案例 14】解放日報 2016 年 5 月 13 日報導，某市一個女白領因欠專車司機 36 元打車費，被專車司機通過網絡「人肉」找到單位，涉事女白領因此被公司開除。

據瞭解，涉事女白領打車時沒帶錢，她答應司機過後用微信支付。可是她失信了，不僅沒有在對方提醒她付款時立即支付，而且關掉了手機，想逃單。她以為茫茫人海中那個專車司機是找不到她的，沒想到她遇到了一個較真兒的主兒。那位先生不僅找到了公司前臺，而且他「一不做，二不休」的堅決態度引來了公司的負責人。HR 經理瞭解真相後，真的通過手機號找到了那位沒付車費的女職員，讓她補交了車費，還因此事將其開除。

這件事情隨後在這個城市的 HR 圈內熱傳，引發了不少關注。有人說，算她倒霉，遇到了一個較真兒的主兒！其實，就算這次惡意欠費不被發現，這種不道德的行為也會在今後的相似情境中再次發生。在一個規則社會裡，破壞規則必然會被規則懲罰。這個女白領因為貪圖區區 36 元小便宜失去了體面的工作。而且這次不誠信的行為一旦記錄在案還可能會影響她的一生，使之失去很多獲得發展、升遷的機會。可見，失信者可能會暫時占點小便宜，但真正從「失信」行為中獲利是不可能的。因為「失信」與社會規範背道而馳，失信者最終會搬起石頭砸自己腳。

公司 HR 之所以開除她，是因為喜歡占小便宜者在人格上都存在某種缺陷。他們在人格類型上仍然停留在「本我」階段，按照動物的本能行事，做事只考慮自己，不考慮他人，甚至不顧及道德、法律等社會規範。如果公司錄用這種人，需要有怎樣的防範措施才能防止其「作弊」或「假公濟私」呢？因此，最明智的做法是將其直接開除。

沒有人願意和不守信者交朋友，沒有企業願意聘用不守信用的人。缺乏誠信的人會因此失去朋友，失去自我發展的機會。將心比心，我們都喜歡和守信的人交朋友，因為你不用擔心他會欺騙你或者坑害你；企業都願意錄用守信的員工，因為老板不必擔心他會出賣自己。守信者因為誠信而獲得更多的創造幸福的機會；失信者因為失信而失去很多創造幸福的機會。從這個意義說，「誠信」是幸福的保護神。

雖然生活中經常可以看到「誠實的人吃虧」的現象，但是從長遠看，「誠信」是幸福的護花使者。遇到案例 14 中的情境，「理性人」通常會選擇遵守諾言、誠信待人、及時付款。除了是良心的制約外，「誠信」也是個體理性選擇的結果。因為「誠信」是成為一個好人、受人尊重的必要條件。人的幸福感是建立在個人需求與社會理想和諧統一的基礎上的，誠信者能獲得更高的社會認可度，更好地滿足人們受尊重的需要和自我實現的需要。不僅如此，誠信還會給人帶來更多的友情和資源，形成「得道者多助」的局面，為人們帶來更多的成功機會。

誠信人格會給行為者帶來一種「人格信任」。如尼克拉斯・盧曼所說[7]：每一種社會行為都有其信任性問題。每一個行動者都作為符號複合體被他人認知，人們會從他一貫的行為方式中感知某種人格信號，並決定是否信任他。這就在客觀上增加了「一個人贏得信任的機會」。

【案例 15】大家都知道阿里巴巴誕生的故事，如果創業初期沒有「十八羅漢」① 的相互信任，沒有軟銀（軟銀中國資本）的風險投資，就沒有今天的阿里巴巴。「十八羅漢」在「不向親戚朋友借錢」的前提下拿出手中所有的餘錢籌了 50 萬元啓動經費。其中包括馬雲的妻子、當老師時的

① 指包括馬雲在內十八位阿里巴巴創始人。

同事和學生、患難朋友，當然還有被馬雲等人的人格魅力吸引來的業界精英，如阿里巴巴首席財務官蔡崇信，當初拋下一家投資公司年薪 75 萬美元的副總裁職位，來領馬雲幾百元的薪水。其後的 6 年，馬雲說服軟銀，拿到第一筆風險投資。其後，各路投資紛紛進入，其中不乏國際大財團的身影，如高盛、富達等，前 WTO 世界貿易組織主席彼德・蘇德蘭也位列董事會成員中。

在互聯網風險未知的情況下，投資者願意借大筆的錢給馬雲，實際上是基於對其的信任。這種信任在於：人們依據對他的瞭解，相信他會全力以赴去實現承諾；相信他會不負眾望；相信他絕不會揮霍、浪費，更不會卷款而逃。這種信任的核心就是對其行為模式和能力的認可。如前所述，行為模式具有一貫性的特點，一旦形成就不會輕易改變，因而能夠成為人們判斷一個人是否可靠的依據。

（五）邏輯推理在形成健康人格中的作用

健康人格是一種行為模式，同時也是一種心智模式——我們認識事物的方法和習慣。這種心智模式根深蒂固於人們心中，影響著人們對世界的認知、判斷和決策。例如，有的人凡事總是朝壞處想，有的人凡事總是從好處想。二者的心智模式就不一樣。當我們的心智模式符合客觀規律時，我們就容易「心想事成」，否則就會處處碰壁。

心智模式的形成離不開價值評價，而價值評價本身又包含著邏輯推理。

前面案例 11 中那個被人當眾羞辱的女主管之所以選擇「退一步海闊天空」的策略，與其潛意識中對兩種策略的價值評價和邏輯推理分不開。莫名其妙地被人當眾羞辱，但凡有點血性的人都會奮起還擊。但是邏輯直覺告訴她，如果斤斤計較，針鋒相對，後續局面將不可收拾，所以她最終選擇了「退讓策略」。一個精神正常的成年人心甘情願地選擇忍受屈辱，當然有一個「應該退讓」的理由。這個理由就是「兩害相比取其輕」。

人是一種理性動物，是這個世界上唯一需要決策理由的動物。這個決策的理由，主要是「兩害相比取其輕」和「兩利相比取其重」。即當兩種決策都可能傷害自己時，那就選擇傷害較輕的決策；而當兩種決策都對自己有利時，則選擇利益最大的決策。而在現實生活中到底孰輕孰重，什麼是「利」，什麼是「害」則取決於我們的價值評價和邏輯推理。

如前所述，「寬容、善良」是健康人格的具體化。而要堅持寬容善良也需要給自己的「利他行為」一個「理由」，即通過邏輯推理證明，這樣做是有價值的。在這裡給大家分享一個家庭主婦的故事來說明這個道理。

【案例 16】朋友的妻子婚後一直堅持給他準備早餐。這早餐已經做了35 年，只要妻子在家就從沒有間斷過。哪怕是早上要早起趕飛機，妻子也會提前半個小時起來做早餐。雖然這個早餐做得比較簡單，也就是熱個饅頭、煮個雞蛋和牛奶，費不了太多的事兒。但是，能把這件小事堅持 35 年也不容易。如果不給自己一個應當這樣做的理由，這件事是很難堅持下去的。他妻子的理由很簡單，即反正自己喜歡在家吃早餐，多做一份兒又不費事兒，為什麼不順帶著給老公做一份呢？

這個推理過程是這樣的：「熱一個饅頭，煮一個雞蛋」與「熱兩個饅頭，煮兩個雞蛋」相比，前者的時間成本是 5 分鐘，後者的時間成本是5.1 分鐘，只比前者多了兩下（從冰箱裡拿饅頭和雞蛋）的胳膊伸縮動作，但卻比前者多收益了一份愛心關懷。此舉並沒多花多少時間和精力，沒有增加人力成本，沒有增加機會成本，收益卻可以大幅度提升，何樂而不為呢！

漫畫所展示的思考過程是一個「假言選言推理」[①]。其形式為：

要麼 A，要麼 B。
◆如果 A，則 C。
◆如果 B，則 D。
所以，或者 C，或者 D（結論）。

即主婦做早餐時面臨 A 和 B 兩種選擇：

A：蒸 1 個饅頭且煮 1 個雞蛋（只準備一份早餐）。

B：蒸 2 個饅頭且煮 2 個雞蛋（準備兩份早餐）。

用一個二肢的選言前提將上述情境表示為：**要麼 A，要麼 B。**

再用兩個假言前提分析 A 和 B 兩種決策的結果：

◆如果 A，節省了一點兒時間但是沒有其他收益 C。
◆如果 B，增加時間但是有維護家庭穩定、增進夫妻情感的收益 D。
要麼 A（做一份早餐），要麼 B（做兩份早餐）（二者必居其一）。
所以，要麼 C（無其他收益），要麼 D（有增進夫妻情感的收益）。

從收益最大化的角度看，理性人應當選擇 B 決策。

理性人選擇其實就是我們的老祖宗說的「知書達理」或「通情達理」。這兩個成語都包含了一個「達」字。漢語中的「達」有「通曉」「洞察」之意，說到底就是明白一個事理。在日常生活中，我們有時候只需要稍微為身邊的人多考慮一點，只需舉手之勞就可以幫助他人獲得美好的體驗。利他者的想法中大都包含一個說服自己採取「利他」行為的推理。也就是說，如果道理「通達」「通曉」了，多數人都願意去做好事；反之，如果沒想通道理，人們就不願意去做好事，哪怕這件事只是舉手之勞。

【案例 17】2017 年春節期間，胡老兩口子經昆明去深圳的女兒家探

① 假言選言推理是經假言命題和選言命題為前提的推理，其特點是通過假設對兩項選擇的結果進行比較，從而幫助人們做出最適當的決策。

親。因為買的是第二天清早昆明南站開往廣州的高鐵票，就在短租網上訂了南站周邊的民宿公寓。晚上胡老閒著沒事與同住一套公寓的幾個年輕人聊天，聊著聊著就聊到了「利他」這個話題。大概是因為他當過「思政課」（思想政治教育課）教師的緣故，胡老總有點兒「職業病」傾向，一有機會便向年輕人「販賣」「助人即助自己」的觀點。那天胡老又和兩個年輕人聊到案例 14 中「兩個饅頭」的推理，沒想到這次的受益人是自己！

當時是春節期間，車票非常緊張。胡老買了早上 8 點昆明南站開往廣州方向的高鐵票，可住的地方離昆明南站至少還有兩千米。由於昆明南站剛開通不久，附近的服務設施還不完善，公交車很少，的士基本見不到。胡老兩口子正愁早上怎麼去車站時，「聽課」的小伙子說話了，「老師，你們明天早上就坐我約的車吧，我的車次和你們的車次時間差不多」。

原來這個小伙子已經在網上預約了第二天早上 7：00 的「網約車」，胡老兩口子可以和他一起坐車去南站。這真是太方便了。下車時胡老對他表示感謝，小伙卻回答，「其實我應當感謝您，您讓我明白了一個道理，在生活中要讓自己的行為價值最大化，現在我就在努力實踐您的理論呢！」

他的「活學活用」把一行人都逗笑了。是啊，網約車是按里程計算價格的，乘客下單時已經付清了全部費用。在不超載的前提下，司機不會因為少一個乘客而打折，也不會因為多兩個乘客而加價。他的舉手之勞卻交了幾個朋友，何樂而不為呢？

但是在現實生活中，很多人不願意做這種舉手之勞就能使他人受益的事情，總覺得「我憑什麼要幫他？」「憑什麼我要為他做事，我又不欠誰的！」的確，我們可能不欠任何人的情。但是，從理性決策的角度看，能幫人時且幫人。特別是在舉手之勞就能使他人受益的情況下，自己付出的實際成本並不高，卻可能有道義良心和人際交往兩方面的收穫。「利他」行為肯定是一種最優決策。這個世界是有公理的。正如孟子所說，「愛人者，人恒愛之；敬人者，人恒敬之」。這就是說，你付出多少愛，別人就會回饋你多少愛；你給別人多少尊重，別人也會回饋你多少尊重。以此類推，「助人者，人恒助之」。你幫別人解了難，也能在你需要時得到他人的幫助。

四、邏輯理性有利於心理和諧

（一）邏輯直覺有利於良好心理衛生習慣的養成

幸福感說到底就是一種心理和諧的狀態，說得詩意一點兒就是「心靈的寧靜」。自從文明伊始，心靈的寧靜就一直是人類信仰的終極目的，這個目標的實現就成了人最大的幸福。人要達到心靈寧靜狀態，必須對自己的生活具備一定的把控能力。邏輯直覺能夠促進個體良好的心理衛生習慣的養成，增強個體對自己生活的把控能力。

良好的心理衛生習慣包括「就事論事」的習慣，遇事不焦慮、不抱怨的習慣，有穩定的自我安全感和從容地解決問題的習慣等。具備良好的心理衛生習慣的人通常能夠較好地把控自己的生活，使自己與環境和諧相處。他們也有慾望和要求，但是他們會把這些慾望和要求限制在合理的範圍內，並且懂得運用合理、合法的手段去滿足自己的合理要求。因此，其慾望和要求大部分能夠實現，發生心理焦慮的概率會比較低，獲得幸福的概率相對較大。

在生活中常見到一些像「開心果」一樣的人，整天總是樂呵呵的，好像老天爺特別照顧他們似的。其實他們並不是沒有遇到過麻煩，而是他們知道用合適的手段去自如地應對麻煩。在這種情況下，麻煩不僅不會干擾其生活，反而會成為生活中一個精彩的插曲讓人津津樂道。

邏輯思維訓練能夠讓我們養成理性思考的心理衛生習慣，遇到問題「就事論事」解決問題，不讓後悔、抱怨、自責等不良情緒干擾自己的正常生活。因為任何後悔、抱怨、自責對於解決問題來說都是無濟於事的。理性思維的益處就是排除無用的情緒干擾，只考慮「問題是什麼」「應當怎麼辦」，事後再分析「為什麼」，找出犯錯誤的原因，避免再犯同樣的錯誤。當「就事論事」成為你的思維習慣後，即使遇到再棘手的問題，你的腦子跳出來的第一個想法絕對是「這件事怎麼處置結果最好」，而不是懊惱、後悔或者相互抱怨。

在此給大家分享一個胡老自己的故事。

2017 年過新年時，胡老就向 90 歲的老母親許願，暑假帶她自駕遊。先去西雙版納，然後經雲陽梯田、九龍瀑布、北海銀灘一路玩到深圳。這個旅遊計劃讓 90 歲高齡的老人興奮開心了半年多。沒想到計劃剛開始實施就發現了問題。因為出發時間比較匆忙，胡老竟然把給老太太準備的便攜式輪椅忘在成都的家裡了。而這次自駕旅行有 4,000 多千米，計劃遊覽幾十個景點，帶著這麼大年紀的老人，沒有輪椅是不行的。

當胡老兩口子在去接老太太的途中想起輪椅時，汽車已經駛離成都 500 多千米了。怎麼辦？讓 90 歲老人步行遊覽這麼多旅遊景點顯然不可能，回家拿也不現實，兩口子為這事兒相互埋怨更不可取。正確的決策是在到達第一個景點前馬上買一把新的。

多年養成的思維習慣讓胡老沒有半分鐘的猶豫和抱怨，馬上用手機上網搜索同類產品，發現那種旅遊用便攜式輪椅網上有售。只是後續行程已定，等輪椅寄到母親家，時間上是來不及的。和供貨商溝通後得知，省會城市送貨速度比較快，如果把收貨點定在昆明，第二天中午就能收到貨，這樣就不會影響我們的後續旅行計劃。

可是我們還沒到昆明，怎麼收貨呢？想到短租民宿的房東可能會為房客提供這種額外服務，於是馬上預訂昆明的民宿，請房東代收輪椅。再把民宿的地址和房東的電話發給供貨商。Ok，搞定了。因為沒有耽誤時間，從發現沒帶輪椅到網上下單購買共用時 15 分鐘。第三天晚上，當胡老夫妻倆帶著老太太到達昆明時，新輪椅已經擺在預訂的房間裡了。

雖然買一把新輪椅多花了幾百元錢，但是和帶老太太出遊的計劃相比，這些錢都花得值。因為 90 歲的老人出遊不容易，讓老人開心才是重中之重。

養成理性思考的習慣，時刻告誡自己遇事不抱怨、不後悔是減少焦慮、排解憂鬱的好方法。在日常生活中，遇到難題或煩心事幾乎是不可避免的。邏輯思維訓練可以幫助我們把不抱怨、不後悔的處事方式變成一種邏輯直覺或條件反射。這樣，在遇到難題時，人的第一反應不是抱怨和後悔，而是「怎樣用最快的速度、最小的成本解決問題」。

例如，在日常生活中夫妻倆因為做家務而發生爭吵的案例時有發生。特別是隨著 80 後、90 後進入結婚高峰期，這類矛盾突出起來。女性朋友圈中經常可以看到「老婆」吐槽自己結婚後淪為老公的「免費保姆」，男人們也常有「老婆難伺候」的抱怨。雙方都對對方不做家務或做得太少而怨氣衝天，抱怨的理由幾乎相同，即「我憑什麼要伺候他（或者她）？」

俗話說，清官難斷家務事。一是指家庭靠感情維繫缺少顯性規則，沒有規則就不好約束；二是因為家務事很難量化，做多做少都無法定論。目前，中國家庭大部分是妻子承擔洗衣、做飯、帶孩子等家務，所以網上常有「老婆淪為免費保姆」的吐槽。問題在於，「吐槽」並不能減少家務勞動的分量，一味抱怨還會激起對方的反感而引發家庭矛盾。

從「理性人」收益最大化的角度看，與其做個「怨婦」或者「怨男」，讓抱怨和委屈摧毀自己的生活，不如換個角度思考，用「勞動置換」的方式減輕自己的家務勞動負擔。比如，每週請家政公司做一次廚房、洗手間和紗窗的衛生可以減少 3～5 小時的家務勞動；使用烘干機烘干衣物，每週可以節省 2～3 個小時的晾衣和收衣時間；使用洗碗機、帶預約功能的電飯煲和自動炒菜鍋，每天可以節省做飯時間 2 個小時……

現實情況往往是，一旦一方的態度發生改變，另一方的態度也會隨著發生改變。因為兩人在鬥氣時關注的是對方的嘮叨，氣頭上誰也不願意去想對方為家庭付出了什麼。而當對方變得通情達理時，人們反而會反思自己的行為，為自己的過錯感到羞愧，進而有補償對方、獲得對方原諒的願望。這樣，事情就進入了良性循環：寬容—快樂—更寬容—更快樂。

（二）邏輯思維對夢想成真的理性分析

每一個希望有所作為的年輕人都有夢想。夢想成真是一種幸福。從倫理學的角度看，夢想成真就是實現了自己的價值目標。每一個奮鬥中的年輕人都有自己的價值目標。有的人的目標很宏大，比如干一番「大事業」；也有的人的目標很渺小，比如說「養家糊口」。每個人的奮鬥目標無論大小都無可非議，只要這個目標不妨礙他人，無論多麼離奇也有其合理性。

但是，要想夢想成真，奮鬥目標與實現手段的匹配卻是不可少的。只有目標恰當，才可能最大限度地獲得成功。

大多數人都知道那句勵志名言——「有志者事竟成」。但是很少有人注意到「有志」只是「成功」的必要條件而不是充分條件。邏輯學告訴我們，必要條件即實現價值目標必不可少的條件，有之未必然，無之必不然。比如努力是取得好成績的必要條件，努力了不一定能取得好成績，但是不努力就一定不能取得好成績。

例如，珠峰登頂（登頂珠穆朗瑪峰）是許多登山愛好者的夢想。這個奮鬥目標的實現就不能簡單套用「有志者事竟成」的名言。因為勇氣和意志力只是登頂成功的一個必要條件。即沒有勇氣和意志的人不可能登頂；但珠峰登頂除了勇氣和意志力，還需要身體條件、裝備條件、天氣條件等。每一項都不可或缺。

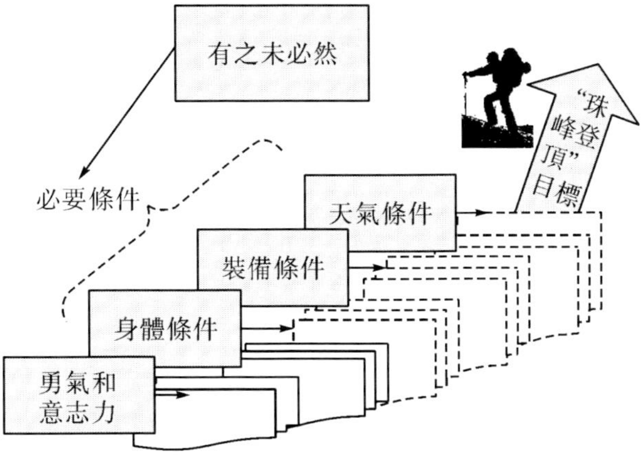

認識到這一點非常重要，它能使我們在付出最大努力之後從容地看待成敗與得失，即人們常說的「放下」，從而減少抑鬱對我們的傷害，降低抑鬱症的發病率。抑鬱症是一種常見的心理疾病，以顯著而持久的情緒低落為主要臨床特徵。大多數抑鬱症患者的病因都源自理想與現實的巨大反差。因此，對輕度抑鬱症患者的心理治療的一種有效方法就是幫助其調整生活目標，重新獲得價值感。

【案例 18】一位做心理諮詢的朋友曾經診治過一個疑似抑鬱症的女高中生。女孩原本聰明活潑、性格開朗，但是考上重點高中後卻因為成績排名下降、擔心自己考不上好大學而抑鬱。這個用功又很要強的女孩對於自己無論怎樣努力都無法在年級中成績排名靠前這件事耿耿於懷，最後發展到不敢到學校上課，不敢報名參加高考的地步。後來心理醫生通過暗示療法讓她相信「成績排名沒那麼重要」，「上什麼大學並不會決定她的人生」，最終幫助她放下了思想包袱，走出了心理陰影。

從哲學的角度看，所謂「放下」就是指捨棄無法實現的目標，丟掉限制自己的包袱。「放下」不是放棄生活目標，只是重新將自己的價值目標定位在生活實踐所能實現的條件範圍內。如：「放下」考重點大學的目標，考一所普通院校；「放下」失敗的婚姻，重新追求幸福；「放下」失敗的事業，重整旗鼓；等等。

一份關於某 OEM（Original Equipment Manufacturer，代工企業）企業的內部調查告訴我們，理想與現實的巨大反差是造成年輕人悲觀失望的主要原因。而通過調整個體的價值目標，縮小其理想與現實的反差是其心理治療的關鍵。

【案例 19】2010 年，某 OEM 企業在不到一年時間裡發生了 14 起員工跳樓事件，引起了社會各界乃至全球的廣泛關注。導演賈樟柯執導的電影《天注定》就有類似情景。出現心理問題的員工大都具有某種共性，如流水線工人、來自貧困地區的農村、年齡在 20 歲左右、工作時間不到 1 年等。這些年輕人本來是從農村到城市來「尋夢」的，是什麼原因讓他們這樣絕望甚至要放棄寶貴的生命？

有學者指出，[①] 高科技企業員工受制於固定的生產流程和刻板的工作形式，每天重複著各種單調的機械操作，極易導致煩躁、無奈、抑鬱等負面情緒。同時，企業對標準化管理及產品質量的高規範性要求，導致員工時刻處於緊張狀態，成為經常性的應激源。

---

① 王萍，王青. 勞動密集型企業員工的心理健康管理［J］. 中國郵政，2011（1）：63-64.

也有學者認為，勞動密集型企業對生產線上的工人的知識水準和技術水準要求不高，容易輕視勞動者，對員工實行簡單、粗放甚至粗暴的管理，這使得員工缺乏穩定感和安全感，成為一種長期潛在的應激源①。

問題在於，同樣的工作、同樣的管理方式，為什麼發生心理危機的大都是那些剛剛走出農村、入職不久的年輕人？那些在該企業工作兩年以上的員工，還有那些 30 歲以上的員工為什麼很少發生心理危機？

這是因為工作兩年以上的員工大多得到了晉升，他們大多已經提升為「線長」及以上的職級，其努力已經得到了回報，因此他們能夠認同「多勞多得」「少勞少得」的社會評價準則，其價值目標與實現手段基本上是平衡的；而 30 歲以上的員工大多已經結婚生子，有一份厚重的家庭責任要承擔，即使他們剛入職、工作辛苦、工資不高，但是只要企業不拖欠工資，他們想賺錢養家的這個價值目標也是比較容易實現的。一位老員工告訴調查者，他很滿意現在的工作，因為只要肯加班，一個月掙五六千元錢是沒有問題的。這樣，母親的醫療費、女兒的學費就都解決了。

而年輕人的主要價值目標是「得到晉升」或者「獲得發展」，這個目標對於流水線工人來說比較難以實現。而企業的「職級」制度等級森嚴，員工職級多達 20 級，職級不同，待遇有著很大的差別。制度設計的初衷，管理層希望看到底層員工通過努力工作在兩年內實現其晉升的願望。但是，要忍受前兩年的枯燥的流水線工作，員工必須具備吃苦耐勞的素質。

事實上大多數人都不能「一舉成功」，他們只能從底層做起，在付出極大的努力之後一級一級地向上流動。一般說來，當人們經歷了奮鬥初期的底層焦慮之後，會步入一個相對平穩的事業發展期。所以，同一企業中那些入職 3 年以上的員工極少發生心理問題。

一般說來，價值目標越合理，實現的概率越大，個體奮鬥的動力越強，發生挫敗感的概率越小。而制定合理的價值目標的過程就是一個「知己知彼」的過程。

---

① 張婷婷. 勞動密集型企業基層員工管理對策研究［J］. 價值工程，2012（14）：90-100.

知己知彼，百戰不殆。

——《孫子兵法》

所謂「知己」，即對自己的智力、身體、知識、能力和社會支持體系（家庭出身和所處環境）等有充分的瞭解和客觀的評價；所謂「知彼」，即對社會需求（社會急需的人才或者勞動崗位）和社會常規的晉升途徑和晉升條件有充分的瞭解。在「知己知彼」的條件下，找出適合自己的晉升途徑。除了極少數人，絕大部分人沒有什麼捷徑可走，必須經歷千錘百煉，一步一個腳印地上升。現今那些成功者所處的行業雖然不同，但他們晉升的軌跡幾乎是一樣的——選定與自己的能力相匹配的價值目標，不懈努力，最終實現價值目標。

這種從零開始累積財富，獲得晉升的情節每天都在上演……

【案例 20】朋友所住的小區門口有條小街。朋友說他親眼見證了街上小販們的努力、奮鬥和悅變的過程：

賣菜的夫婦從擺地攤開始，如今已經自己買房、買車。來自農村的在小街上開理髮店的小楊，靠著自己的手藝在城市近郊買了房，他的女兒像城裡的孩子一樣跳芭蕾、學鋼琴。

【案例 21】一位 53 歲的老農每天裝卸 40 噸左右的貨物，最高年收入達到 10 萬元！他之所以這樣做，是想給家裡的四個孩子積攢下更多的學費和家業。他希望孩子們過得比自己好，希望孩子們有更高的社會地位。他從沒有抱怨過生活不容易，只是默默地用自己的行動給孩子們樹立了「勤勞脫貧」的榜樣。

【案例 22】一位在北京做家政的「外來務工人員」，每天要幫四個家庭做家務，她和她丈夫一起「北漂」十年。現在他們不僅在北京近郊安了家，在老家買了一套房，還給自己的子女掙足了學費，讓孩子們有條件去實現他們的夢想。

這些不同行業的普通勞動者都有一個最樸實的價值目標，那就是希望用自己的辛勤勞動去改善家庭境況，改變下一代的命運。雖然工作很辛苦，但是能看到自己的價值目標一步一步變成現實，也是讓人非常欣慰的。他們把「靠勞動致富」看作一件自然而然並且天經地義的事情。因此他們既不會去幻想「天上掉餡餅」的好事兒，也不會因為自己的勞作很辛苦就抱怨「世態炎涼」。他們認準了一個理兒，就是「付出才有回報，多勞必然多得」。因為其價值目標比較「接地氣」，這些目標的實現是他們能力範圍內的事情，所以他們的內心需求容易得到滿足，幸福感自然也就更強。

邏輯理性的功用在於幫助人們「知己知彼」，瞭解個人實力與社會環境的匹配程度，為自己向上流動和財富累積制定可行的奮鬥目標。在如今這個開放的社會裡，只要價值目標合理，每個人都可以通過努力實現夢想。

如前所述，那個文化程度不高的老農都可以用「日扛 40 噸貨物」的辛苦勞作來實現夢想，那些有文化的年輕人還有什麼現實的夢想不能通過努力來實現呢？那個文化程度不高、在北京做家政的「北漂」都可以在十年之內買兩套房、那些擁有高等學歷的年輕人的「買房夢」怎麼會實現不了呢？事實上，現代社會中的多數年輕人都比這個老農和家政「北漂」族的資源更多，至少比他們更年輕，擁有更好的體力、更高學歷。他們所缺少的是這種對待現實的態度。

如果我們能夠理性地分析自己的價值目標，並且願意盡自己最大努力去實現目標時，成功就成為一件自然而然的事情。儘管由於社會轉型以及分配制度不完善，人們的付出與獲得可能不成比例，但是，「多勞多得」在今天仍然是一個顛撲不破的真理。

（三）邏輯理性有助於減緩焦慮，消除不幸福的心理根源

網易健康頻道做過一個網上調查，發現改革開放後人民生活水準的提高與幸福感的提高並不同步，二者甚至呈負相關狀態。物質生活越豐富，人們的心理壓力越大，發生抑鬱症的概率越高。中國精神疾病發病率自 20 世紀 80 年代起不斷攀升，到 2015 年，國民中抑鬱、焦慮、失眠等精神疾病發病率已高達 17.5%，重性精神疾病發病率高達 1%。

為什麼物質生活水準提高了，人們的幸福感卻沒有普遍提高呢？為什

麼生活富足了，國民出現精神疾病的概率反而上升了呢？生活無憂的現代人為什麼比 40 年前那個物質匱乏到白糖都要憑票供應的年代更容易焦慮？其主要原因是心理上的匱乏感，又稱為「相對貧困」。相對貧困與絕對貧困（生存貧困）不同，相對貧困者其個人和家庭依靠其勞動所得和其他合法收入可以維持基本的生存需要，只是其生活質量處於較低水準。

馬克思曾在《雇傭勞動與資本》[8]一書中借用「房子」的比喻說明了什麼是相對貧困狀況。馬克思說：「一座小房子不管怎樣小，在周圍的房屋都是這樣小的時候，它是能滿足社會對住房的一切要求的。但是，一旦在這座小房子近旁聳立起一座宮殿，這座小房子就縮成可憐的茅舍模樣了。這時，狹小的房子證明它的居住者毫不講究或者要求很低；並且，不管小房子的規模怎樣隨著文明的進步而擴大起來，但是，只要近旁的宮殿以同樣的或更大的程度擴大起來，那末較小房子的居住者就會在那四壁之內越發覺得不舒適，越發不滿意，越發被人輕視。」

改革開放後，一部分「先富起來」的人為老百姓樹立了一個「致富」的榜樣，人們的內心慾望被充分調動起了。但是在社會資源有限的條件下，大部分人的內心慾望注定是無法滿足的。以中小學生擇校為例，不論是按房分配學位，還是電腦隨機派位，總會有很多孩子上不了重點小學或者重點中學。優質教育資源的有限導致大多數孩子與重點學校無緣。那些不願讓自己的孩子「輸在起跑線」上，又買不起學區房、交不起「擇校費」的家長們的焦慮就不可避免了。

從精神分析學的角度看，這種因內心慾望無法滿足而產生的焦慮屬於「本我」(本能的我) 衝動受挫所產生的神經性焦慮。人類所擁有的智慧和精神世界使得人比其他生物更加敏感，也比其他生物擁有更多的慾望。比如，動物不會攝取超其飲食需求的超量食物，而人對財富和享樂的追求則是無止境的。因此，人比其他動物更難滿足。

邏輯理性能夠幫助我們坦然地面對現實，把自己的欲求變成自強不息的動力，從而減少因「本我」衝動受挫而引起的焦慮。

請看看下邊這兩張圖，你很難把左圖中這雙如此完美、擁有無可挑剔的小腿和足弓的「天使之足」和右圖中那對豹子腳式的醫用假肢聯繫起來。可是它們的確是屬於同一個人。

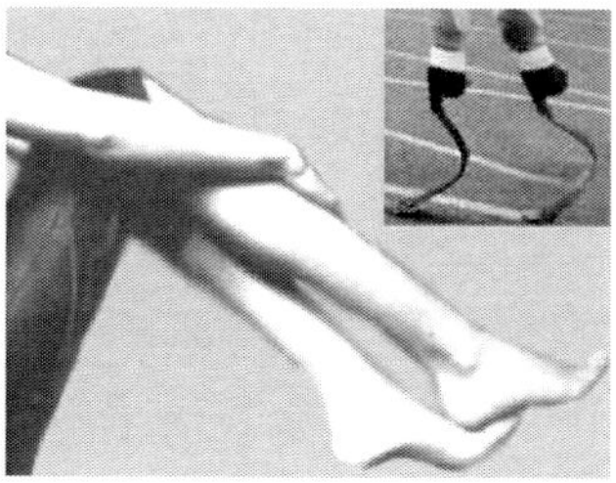

這個女孩子雖然沒有腳，卻用一對假肢活得很精彩。讀了她的故事，看了她在 TED 演講臺上的風姿綽約，總會讓人生出一種感慨：失去雙腿的人都可以這樣優雅美麗，我們肢體健全的人有什麼理由不美麗！殘缺的生命都可以這樣精彩，我們完整的生命有什麼理由不幸福！

她叫 Aimee，天生沒有小腿腓骨，一歲時做了截肢手術，成了一名名副其實的殘疾人。按常理，她命中注定會一輩子跟輪椅打交道。可是 Aimee 和她的父母不認命。她一天輪椅也沒坐過，兩歲的時候，她就已經學會了使用假肢獨立行走。20 歲時，她參加了美國亞特蘭大殘疾人奧林匹克運動會（簡稱殘奧會），穿著仿照獵豹的後腿特製的碳纖維假肢，創下了女子 100 米跑和女子跳遠兩項世界紀錄。上大學時，她憑著自己漂亮的履歷爭取到了五角大樓情報分析員的實習位置。

人們以為，一個殘疾人能夠拿到世界殘奧會的獎牌，能夠謀到一份穩定的高薪職業應該已經到達了人生的頂峰。可是 Aimee 不這樣想，她想做點別的更有意思的工作。這個她認為「有意思的工作」居然是去走秀、當模特兒！而且她成功了。在 Alexander Mcqueen（亞歷山大、麥昆時尚品牌和摩登服裝）1999 年走秀活動上，Aimee 穿著美麗的裙裝和 6 寸高跟鞋優雅地在 T 型臺上表演，美得就像從夢中走出來的姑娘。事後其他模特稱贊她說：「你真厲害，這麼高的高跟鞋很難穿，你臺步還走得這麼好。」Aimee 掀起裙子，給對方看那雙手工雕刻的木制假腿，差點兒驚掉對方的下巴！

Aimee 的座右銘是：「你少了一雙腿，那為什麼不去飛？」在 Aimee 的世界裡，假肢不再是殘疾身體的替代品，而是賦予她超能力的時裝。它們賦予她完美無缺的足弓和小腿，賦予她 6 英吋的增高，她用假肢創造的美甚至超過了四肢健全的模特兒。時尚界有眼光的家伙們開始追捧她為新的繆思①。

當命運「逼著」她坐一輩子輪椅的時候，Aimee 卻成了時尚界的寵兒，這是一般人想都不敢想的事情。Aimee 教會所有人懂得：任何情況下，人都可以發掘全部潛質，克服自己的缺陷，創造更好的未來。Aimee 的故事告訴我們，態度決定幸福。有什麼樣的態度就有什麼樣的人生。

美國人奧尼爾出過一本暢銷書《態度決定命運》[9]。作者以細膩的筆觸、樸素的語言、生動的事例、實用的技巧告訴我們一個深刻的哲理：縱然現實中有太多的不如意，只要你以積極的心態去生活，你的命運就會朝好的方向開始改變。這是因為，態度會決定你的選擇和思考方式。

貧窮或者殘疾是人所不能避免的「壞事兒」。按照費斯汀格法則，這些「壞事兒」是不以人的意志為轉移的。不管你如何抱怨，都無法改變境遇，唯有努力尋找和發現解決問題的方法和途徑才能活出精彩。邏輯理性可以幫助我們發現自己身上的「閃光點」，發現自己的潛在才能，並且幫助我們把這個發現變成一個可以實現的計劃或者人生規劃，如上面提到的

① 古希臘神話中主司藝術與科學的女神的總稱。

殘疾模特用假肢展現優雅。

（四）邏輯理性能夠促使人們停止抱怨，發現幸福

作家王小波說得好，「人一切的痛苦，本質上都是對自己的無能的憤怒」。從哲學的角度看，所有的「不幸福」實質上都是人對自身內在需求無法得到滿足的一種心理體驗，其外在表現就是抱怨和牢騷。

現代社會，牢騷像慢性毒藥一樣一點一點地腐蝕著人們的心靈。不知從何時起，「集體吐槽」成為一種網絡時尚。人們爭相「吐槽」，似乎抱怨得越多就越有正義感。這個段子在微信朋友圈中流傳甚廣，「拿著世界上最低的工資，加著世界上最貴的油，交著世界上最高的過路費，行駛在世界上最堵的公路上……」就是這樣一種「集體吐槽」的真實寫照。其他諸如抱怨高房價、抱怨低收入、抱怨教育不公平的段子更是層出不窮。

無論這些「段子」所表述的內容是否屬實，傳播這些負面的情緒都是有百害而無一益的。因為，抱怨解決不了任何問題。除了破壞情緒外，抱怨還會影響自己下一步的決策，甚至摧毀自己的「幸福大廈」，讓自己陷入「抱怨—不幸福—繼續抱怨—更不幸福」的惡性循環。而「集體吐槽」的盛行，不僅使得悲觀情緒四處蔓延傳播，還會使整個社會處於不安定狀態，增加抑鬱症患者或反社會人格的人。

事實上，諸如環境污染、城市擁堵之類被「集體吐槽」的現象在社會轉型過程中是難以避免的。這些現象在其他發達國家也出現過。胡老在美國旅遊時曾和一個美國友人一起用餐。他告訴我們，他的父親很支持他在中國發展業務。老人說：「儘管中國騰飛還需要時間，但是中國的今天就是美國的昨天，美國的今天就是中國的明天。」這位可愛的美國老人把中國所有的亂象都歸於「發展中的問題」，用邏輯推理讓他的兒子看到了困難背後的機遇。

邏輯理性的功用在於幫助人們停止抱怨，發現幸福之路。

積極的態度

相信世間自有公道，付出才有回報；

挑戰夢想，堅持不懈地向上流動；

發現自己的優勢，相信天生我才必有用。

消極的態度

不反思自身，經常抱怨世道不公；

雖有夢想，但不願付出努力；

自視清高，總覺得屈才。

曾經讀過一篇題為《停止抱怨的力量有多大》的文章。說的是：一個作家出差坐出租車時遇到了一個與眾不同的司機。一上車，司機就遞給乘客一張精美卡片，卡片上寫著「在友好的氛圍中，將我的客人最快捷、最安全、最省錢地送達目的地」。不僅如此，他還為乘客提供了咖啡和各種飲料，還有不同的報紙。途中，司機還善意地詢問作家車裡的溫度是否合適，離目的地還有條更近的路是否要走，這一切讓作家覺得簡直溫馨極了。作家對這個司機產生了興趣，便問他為什麼會想到這樣做。

這個司機回答：「其實，剛開始的時候，我的車並沒有提供這些服務的。我還愛抱怨糟糕的天氣、微薄的收入、堵車嚴重的路況，每天都過得很糟糕。直到有一天，我無意中在廣播裡聽到一個博士在節目中說，停止抱怨會讓任何人走向成功。我突然覺得我要做點改變。」

「第一年，我只是微笑地對待所有的乘客。嘿！我的收入就翻了一番。第二年，我就真的是發自內心地去關心所有乘客了。結果我收入又翻了一番。第三年，也就是今年，我要讓我的出租車變成全國都少有的五星級出租車。除了我的收入上漲外，上漲的還有我的人氣。現在要坐我的車，都得提前打電話預約呢！」

為什麼出租車司機停止抱怨，開始微笑收入就開始上升了呢？

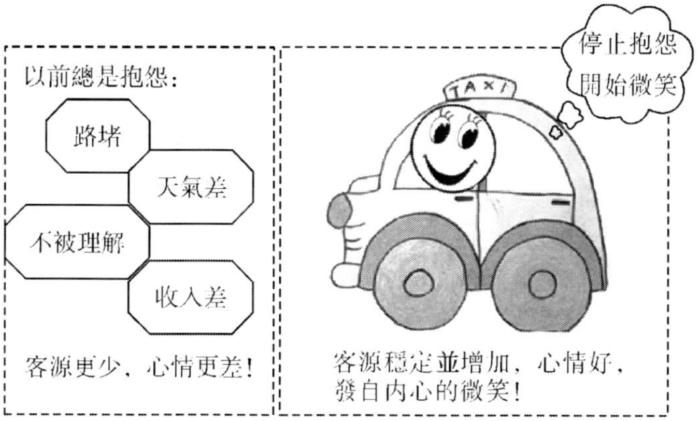

這是因為，當人們在抱怨時，其實是把造成目前困境的原因指向他人、指向社會的。如抱怨路上堵車，是抱怨管理不善；抱怨房價太高，是抱怨工資太低……生活中我們可以找到太多抱怨的理由。可是抱怨有用嗎？沒有用。因為我們左右不了國家，也左右不了任何人。我們能夠左右的只有我們自己。

【案例 23】一位在社區工作的朋友說，他在日常工作中接觸到很多對自己婚姻不滿意的女性朋友。她們總覺得自己不幸福，其中一個重要的原因是她們對老公的期望值遠遠高於現實，使她們的內在需求無法滿足。

受中國傳統兩性文化的影響，「男強女弱」這種本來源自於兩性生理上的差異，經過社會分工的歷史積澱，變成了一種文化，導致許多中國女性在社會生活中總是自覺或者不自覺地將自己處於被動的附屬地位。所以，她們總是把幸福的夢想寄托在「找一個好老公」上。而在現實中，把幸福寄托在別人身上本來就不太可能幸福。

中國有個成語叫無欲則剛。這個成語告訴我們，人如果沒有私欲就會更加剛強和大義凜然。

這個成語同樣適用於婚姻生活。在婚姻生活中，「物欲」越小的人其幸福感越強。因為不曾幻想依靠結婚給自己帶來物質的富足，所以小康即滿足；因為信奉男女平等，願意把改善生活的責任擔在自己肩上，所以不會抱怨對方無能……

從心理學的角度看，這兩類人的心理機制是有差別的：

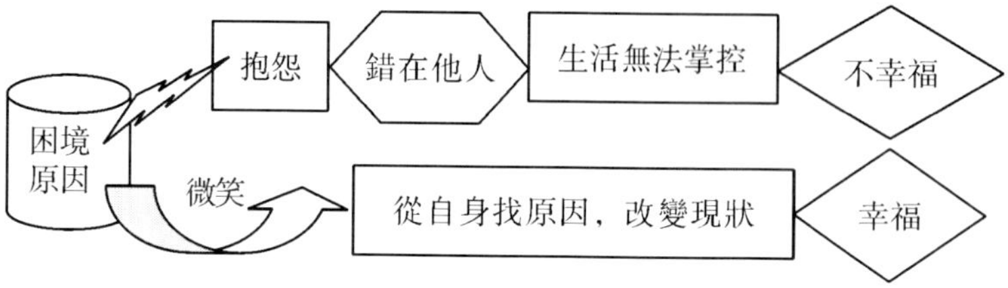

社區調解工作會遇到很多這樣的案例，夫妻間一旦停止抱怨，生活就會和諧很多。許多人還會發出「原來我老公（老婆）這麼好！」的感嘆。

這是因為，當我們停止抱怨，換一種眼光看世界的時候，我們會發現，世界其實沒有那麼糟糕；我們會發現，這個世界還是好人多；我們會發現，當你給人微笑時，別人也會投桃報李；我們還會發現，這個世界上有很多機會，如果我們足夠努力，也可以憑著自己的力量改變境遇。

停止抱怨給人帶來無限希望，人會因為有了希望而積極、樂觀，而積極樂觀會給人帶來好人緣，好人緣進一步強化了積極、樂觀。這就形成一個良性循環。

（五）邏輯理性助人消除灰暗心理，獲得心靈的寧靜

由於社會變遷，人與人之間的關係變得更加複雜，家庭矛盾、社會矛盾更容易激化。在社會生活中，人們越來越容易受到來自家庭、同事或朋友的傷害，比如被欺騙等。這種來自身邊的人的傷害一方面會使人產生仇恨和報復心理，另一方面又讓那些善良的人們為自己想要報復的陰暗心理感到慚愧。

【案例 24】一位慈善捐助人曾經十年如一日地為他的一個「幫扶對象」提供物質上和精神上的幫助。對方沒錢吃飯了，他二話不說就往對方的卡上打款；對方失戀、痛苦得不想活了，他會打爆幾張電話卡充當對方情緒的「垃圾桶」。可是他萬萬沒有想到對方大學畢業找工作時陷入傳銷組織，竟然想騙他參與「傳銷」。

他斷然拒絕了，對方卻因為他的一次拒絕就否認了他十年的善舉。這讓他痛心疾首，痛定思痛後發誓從今以後不再給對方提供任何幫助。可是，這種報復的快感並沒有延續太長的時間。很快他就陷入了自責，好像是自己做錯了什麼事，整天坐立不安。直到他主動向對方道歉，幫助對方擺脫了困境，心裡的負擔才放下來。

這位朋友的所謂「報復」只是不再為對方提供幫助。實際上，他並沒有這個義務，更談不上傷害對方。那麼，為什麼他會因為自己的「報復心理」而自責焦慮呢？

從倫理學的角度看，這種焦慮實際上是因為一個好人的價值被否認所產生的道德性焦慮。「報復」這位「幫扶對象」的決定讓他有一種不道德感。這種不道德感讓他感到不舒服。因為惻隱之心（即道德感）的存在，朋友在與其「幫扶對象」反目後，「做好人」的道德感和「報復」快感相互衝突，使之陷入道德性焦慮。

邏輯理性在幫助人們化解道德性焦慮方面的功用主要是消除情感認知障礙，用寬容大度去化解矛盾。一些有過此經歷的人都會有這樣的體會：恨一個人，你永遠得不到幸福，而愛可以讓自己的內心獲得真正的寧靜。

【案例 25】S 的父母在她 12 歲那年就離婚了。離婚時，媽媽只得到了 2,000 元錢的撫養費。為了養育她，媽媽每天要打兩份工，其生活的艱苦非一般人所能想像。小時候，每次看到媽媽這麼辛苦，S 就會增加一分對爸爸的無情的怨恨，甚至想像著有一天自己有錢了，一定要開著跑車從他面前一閃而過，好好地氣氣這個「負心郎」。

可是，等到 S 真的有錢了，買了大房子了，她發現自己看著爸爸受苦心裡並不快樂。當她從各種渠道得知爸爸下崗後生活很拮据時，只閃過一絲快感，之後就是揮之不去的牽掛。不管怎麼說，這個人是她的親生父親，血濃於水，放任自己的父親受苦是她的價值觀不能允許的事情。雖然 S 仍然記得爸爸當初的無情，可是爸爸的窘境又讓 S 心如刀割。這種愛恨交加的矛盾情緒讓 S 內心焦慮萬分，感覺像是陷入了無法自拔的深淵。

幸運的是，S 有一個寬容善良的媽媽，還遇到了寬容善良的男友。男友對她說，「父女之間有什麼過不去的？天下沒有哪個父親是不愛自己女兒的。你爸當時那樣做，肯定是有他的難處。你如果和他這樣較勁，將來後悔的一定是你。」而媽媽也非常大度地支持她去幫助爸爸。

就這樣，在寬容、善良的媽媽和男友的支持下，S重獲父愛，感受到了久違的幸福。有一天，S在家裡喝著爸爸親手為她熬制的治療胃病的中藥，看著身邊為她削水果的媽媽時，突然明白了一件事情：恨一個人，你永遠得不到幸福，而愛可以讓自己的內心獲得真正的寧靜。她非常慶幸，寬容讓自己童年時曾經破碎的那個世界重歸完整，寬容讓自己被包圍在巨大的幸福之中。

第二篇：

樂商與價值倫理

五、樂商是人的道德需求的體現

道德判斷是一種價值判斷，即關於客體有無價值以及價值大小的判斷。樂商（Happiness Quotient，HQ）作為一種特殊的情商，與人的道德需求和價值判斷密切相關。

（一）「助人」何以為樂，道德因何讓人幸福

人是宇宙中唯一需要道德的生物。當人的生存需求滿足之後，單純的物質財富已經不能給人帶來幸福感，這時人們需要獲得親情、友情和愛情，還需要通過實現自我價值獲得崇高感。這也是大部分富商願意拿出大量的金錢做慈善的心理原因之一。

因生存需求得到滿足而獲得的快樂是一種感官快感；因歸屬需求得到滿足而產生的快樂是一種獲得價值肯定和價值認同的精神愉悅，而「助人」行為的「高尚」屬性帶給人的崇高感，是人的最高需求——自我實現需求得到滿足的表現。

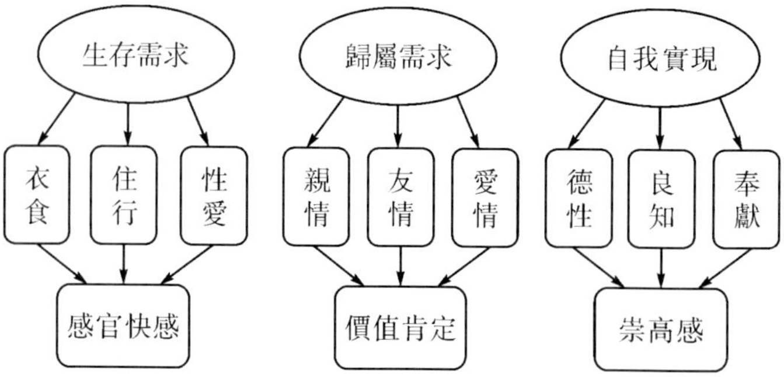

崇高是一個美學概念，也是一個倫理學概念，常用來形容人格的完美，一般會與「偉大」「高尚」等詞彙連用。在歐洲，最早提到「崇高」一詞的是公元 1 世紀古羅馬時代朗吉努斯的《論崇高》，他認為崇高是偉大心靈的回聲。在中國的傳統美學中，崇高被看作一種人格氣質，如孟子把崇高稱為「浩然之氣」。崇高感是建立在道德和良知基礎之上的偉大和高尚，是由主體的利他行為衍生出的美好體驗。當人把道德的力量投射到利他行為中去時，就會喚醒「自己的良知」而產生崇高體驗。

【案例 25】2017 年 10 月 24 日，安徽宣城某街口，一位年逾花甲的老太太騎著電動三輪車賣紅薯。不料在轉彎時老人的電動三輪不慎剮蹭了王女士剛買的新車。車子前面被擦掉了一塊漆。車主看著自己的愛車「受傷」很是心疼，原本想按一般事故處理程序索賠維修費。老太太一聽說維修費要上千元顯得焦急萬分。原來老人的兒子去年三月因車禍去世，老伴因身患腦梗無法工作，她要靠賣紅薯賺生活費養活老伴和兩個孫輩，根本拿不出賠償款。填寫警務記錄時老太太和交警說了家裡的情況，王女士聽說後主動放棄了索賠。這一善舉讓老人很感動，她拿出烤紅薯硬塞給車主，表示感謝。

這個「車被撞，車主不讓老人賠」的視頻放上網後被熱傳。網友跟帖對王女士的善舉表示贊賞。一位網友寫道，「沒有人員傷亡，就是萬幸，王女士滿滿的人情味，失去了錢財，得到的是心安!」

網友所說的「心安」實際上是指王女士的行為符合「良心」，也可以說車主王女士主動放棄索賠實際上是動了惻隱之心。

良知是人特有的心理機制，是個體[10]通過其他人的眼光來對自己進行道德審視、評價的結果。因為良知的存在，人會站在社會和他人的立場上對自己的行為做出理性評價。惻隱之心即同情之心，是人有良知的具體表現。正如網友所說，王女士主動放棄索賠以後自己會感到心安，因為此行為符合「助人」「利人」的良知。儘管她損失了錢財，但是助人行為又給了她一種「做好人」的「崇高感」作為補償。這種「良心補償」是人們願意行善的心理原因之一。

「助人」作為一種「利他」行為符合社會主流價值觀，因而能使助人者產生「行為高尚」的道德崇高感。這種道德崇高感與人的最高需求——自我實現的需求相聯繫，是對人的道德信念——良知的最大肯定。從這個意義上可以說，崇高感是一種更高層次的，更大的快樂。也正是因為如此，這種道德崇高感主要靠人的內心信念來維護，對社會輿論的依賴較少。

【案例 26】一位女病人患阿爾茨海默病已經好幾年了。醫生發現這個病人的情況要比同期病人好很多。原來這與病人的老公 F 先生的精心照顧有關。不同於一般的病人家屬，F 先生不滿足於日常護理，他常帶病妻出去旅行。

四年前，正當 F 先生的事業如日中天的時候，他 50 多歲的妻子被診斷出患了阿爾茨海默病。阿爾茨海默病是一種起病隱匿的進行性發展的神經系統退行性疾病。患者先是記憶障礙，接著是失語、失用、失認、視空間技能損害、執行功能障礙以及人格和行為改變等全面性痴呆表現，到後來完全失去自理能力。為了照顧生病的妻子，F 先生提前退休。聽說新鮮事物的良性刺激能夠延緩病人大腦的退化，他便經常帶著妻子去旅行。

朋友圈裡經常可以看到他曬的旅行照片。他帶病妻去藏區看格桑花，讓妻子在花叢中照相，完全不在意她會在照完相後立刻把這一切美好全都忘掉；他帶她去雲南元謀土林，讓她感受大自然鬼斧神工打造的魔幻世界；他甚至帶她參加中學同學會，就餐時一口一口地給妻子喂飯，一點也

不在意別人詫異的眼神。

朋友問他為什麼要帶這樣一個失智的人去旅行。他回答說，目前妻子處於阿爾茨海默病早期，雖然失去部分智力和自理能力，但還能行走，高興時還會笑。他希望用快樂的旅程保留妻子殘存的記憶以延緩病程。也有人問他，有沒有考慮過把他妻子送去療養院？這樣他可以有自己的生活，況且現在有些高檔的療養院條件相當不錯。他聽了搖搖頭。朋友以為是他妻子的兄妹或者他女兒不同意，他回答說都不是。「那是為什麼？」朋友問。

「是因為我不想讓她受委屈！」F 先生如是說，「儘管我知道阿爾茨海默病，目前世界無解。每天守著她，那種心痛和疲憊非常人所能理解與承受。儘管我知道無論我怎麼做奇跡都很難發生。但我還是想盡一切努力讓她的生活盡可能豐富多彩一些，讓她在碎片化的記憶中多留下些美好的東西，讓她生活得更有尊嚴一些。我們一起上山下鄉、一起參加工作，從農友到工友到組成家庭，至今 40 年了。如今她成為病人是誰都不願看到的。照顧好她，讓她生活得盡可能有質量，少受委屈，多參加社會活動，哪怕獲得片刻的高興都是我的本分。」

分別後，在第二年的同學會上再次見到他們夫妻倆。近一年來，為了讓妻子「獲得片刻的高興」，F 先生帶著病妻駕車走了不少地方。功夫不負有心人，感覺他妻子的狀況比上次聚會時好了很多。這對於阿爾茲海默病患者來說，不得不說是一個奇跡……

在我們寫下這段故事時曾遇到質疑——F 先生這樣做是不是因為他有過虧欠妻子的地方。我們認為，不管是什麼緣由，在妻子得了這樣的病後還能做出這種選擇的男人都是偉大的。因為如果不是因為道德感所引發的「責任感」，他完全有理由把病妻放在療養院，讓自己獲得「自由」。

做出這樣的選擇並且堅持做下去真的很不容易。如 F 先生所言，每天守著病妻端水、喂飯還要安撫她反覆無常的情緒，那種無助和無望非常人所能理解。這個選擇意味著他在年富力強之年放棄自我發展，陪著越來越痴呆的病妻，在端水、喂飯等無休止的勞作中度過餘生。這樣的選擇，如果沒有主體的道德追求恐怕連一年都堅持不下去呢！

戈森認為，[11] 人們總是選擇那種能讓自己幸福最大化的行為。因每個人的價值觀不同，行為的選擇也不同。如 F 先生將病妻留在身邊照顧是一種犧牲「本我」，追求「良知」的行為。從內心補償機制看，人們做出這樣的選擇，是以「利他」（助人）的方式「利己」（良心知足），即通過增加他人的福利獲得崇高感，通過克服「本我」「趨利避害」的本能，在促進社會幸福的過程中實現自我價值。陪著越來越痴呆的病妻慢慢變老絕不是一件浪漫的事情。對於 F 先生來說，能堅持下去靠的就是「良知」賦予他的崇高感。這種崇高感對於 F 先生來說就是一種支撐他繼續走下去的內在力量。

（二）「善小」何以成為累積幸福的寶庫

倫理學常常勸慰人們「勿以善小而不為」，意思是說，對於日常生活中那些小小的善行，那些舉手之勞就可以做的小善事，我們不能因為其微不足道而不去做。因為「善小」可以成為累積幸福的寶庫。

在現實生活中善行都是小事累積起來的，而要能持續做一點一滴的小善事，需要內心常存善念，時常修正，時常省悟，才能將善念行之於起止之間。做一點好事並不難，難的是一輩子做好事。而要堅持「善小」，必須有一個內在的動機，即做好事者能夠從自己的善行中獲得快樂。

從心理學的角度看，「心存善念」的確能夠讓人心情愉快。因為人有獲得群體成員認可和贊美的需要，有受尊重的需要和自我價值實現的需要。「善小」能夠起到價值累積的作用。不要小看我們日常生活中的「善小」。有時一個招呼、一個微笑甚至一個眼神在給別人帶來關愛的同時也會給自己帶來內心的愉悅。雖然「善小」帶來的愉悅都是小快樂，但是，如果堅持去做，那麼這種帶有良心自譽性質的「小快樂」就會像珍珠一樣串聯起來，轉化成人生的大幸福。

所謂「善小」，指的是善行，即做好事可以細微到生活的方方面面，延伸到生命的時時刻刻。比如，一句問候，一聲贊美，一個微笑，一個鼓勵，一聲關愛，一個攙扶……做這些小事並不需要多花時間，多費精力，只要用心去做、去體驗就行了。

中國宋代思想家朱熹曾將「勿以善小而不為，勿以惡小而為之」這兩句話寫進《朱熹家訓》，還將「善」具體行推廣至生活的方方面面，要求子孫從小事做起。一要尊老愛幼，「見老者，敬之；見幼者，愛之」；二要仁義厚道，「仇者以義解之，怨者以直報之」；三要體諒他人，「慎勿談人之短，切莫矜己之長」；四要寬宏大量，「人有小過，含容而忍之；人有大過，以理而諭之」；等等。

「善小」為什麼能夠成為累積幸福的寶庫？從哲學上看，幸福的累積是一個量變到質變的過程。開始時，這些小事帶來的快樂都是不起眼的，甚至施善者個人都未意識到。漸漸地，習慣成自然，「善小」改變了你的行為模式，使你的人際關係變得和諧起來，使你精神變得愉快起來……

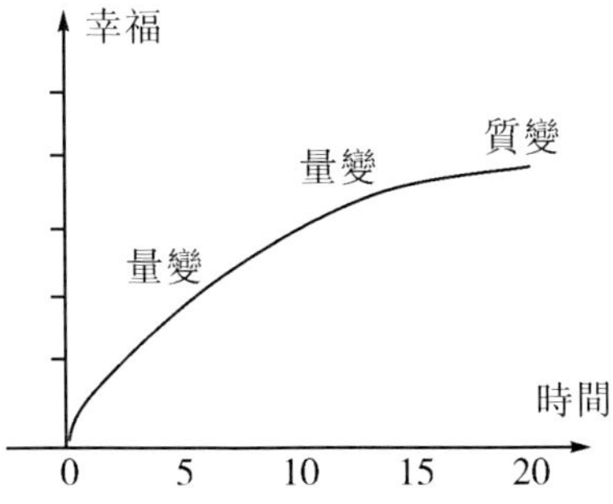

因此，從「善小」做起，在給予他人快樂的過程中收穫幸福是使自己長久地保持快樂情緒的有效方法。比如每天早上走出小區時對著你見到的第一個鄰居或者清潔工微笑，你會有一種「美好的一天」現在開始的感

覺；對賣早點的小販誠心誠意地說聲「謝謝」，他的笑臉會讓你覺得這個世界需要你；到單位上班，贊美一下你同事，她的開心會讓你覺得自己是一顆快樂的種子。

「善小」並不小，細微的善行其結果可能是大善。比如救人性命是大善，那些給人尊重和自信的微笑從社會幸福的意義上講同樣是大善。正如一首歌中唱到的「如果人人都獻出一點愛，世界將變成美好的明天。」人只能從社會生活中獲得愛和尊重，人們通過體會被愛和被尊重獲得幸福感。從這個意義上說，「善小」是個體主動獲取幸福的方式。

（三）「損人」因何自損，破壞規則因何破壞幸福

「助人」會使人快樂，那麼「損人」是否會自損，破壞規則是不是會破壞幸福呢？回答是肯定的。因為[12]「道德是我們追求幸福的活動的環境的構成部分。社會成員總是在一定的道德規範的制約下從事自己追求幸福的活動的」。如果他的行為違反規範則會引起一系列連鎖反應，導致更多的人越軌，其結果一定是多數人的利益受到損害。

下面講一個關於投資的社會心理實驗來說明這個原理。

實驗者選取 20 個居民作為「投資者」，參加一個游戲。游戲的規則是：

· 發給每人 100 美元用於「投資」(即放入一個無人之處的暗箱內)。

· 每投資一次，實驗方取出「投資箱」內的錢乘以 2，再返錢給「投資者」。

· 整個游戲要進行 10 輪。

理想狀態是：如果每個投資者都遵守誠信原則，將手中的錢全部投入投資箱中，那麼到了第10輪游戲結束時，池中資金總量將達到2,048,000美元，每個參與者的個人資產也將達到102,400美元。當然，達到理想狀態的條件是每個「投資者」都將分配給自己的錢全額投資了。但是，總有人破壞規則，使得投資箱中的錢越來越少。以至於游戲進行到了第六輪差不多就進行不下去了。

情況是這樣的：第一輪實際投入率為90%，實驗者加倍後，返還給被試每人180美元。雖然比第一次多，但沒有違規的「投資者」開始琢磨，返回180美金說明有人耍滑頭，使用「潛規則」（私藏了200美元），造成了整體福利的些微下降。

在第二輪貨幣返還的實驗中，每個「投資者」應返回的貨幣為360美元，但是實際返回的貨幣為300美元，返回率為83%，低於第一次的90%。這樣總體資產依然上漲到6,000美元，每人可以分配到300美元，總體福利和個人福利還是處在正相關，也就是同時上升的過程。

但是不遵守規則的危害性已經暴露。在第二輪中有更多的人違反規則。

因為不遵守規則的人比誠實守信的「投資者」所得更豐厚。因此，到第三輪時，美金實際上交率從第一輪的90%衰退到66.6%，人們對於制度和規則的信心已經進入危機時期。從第五輪起，制度開始「雪崩」，本應上繳7,200美元，實際上繳1,800美元，上交率僅為25%，顯示規則已經被大多數「投資者」拋棄。此時，遵守規則上繳貨幣的人成為絕對少數。

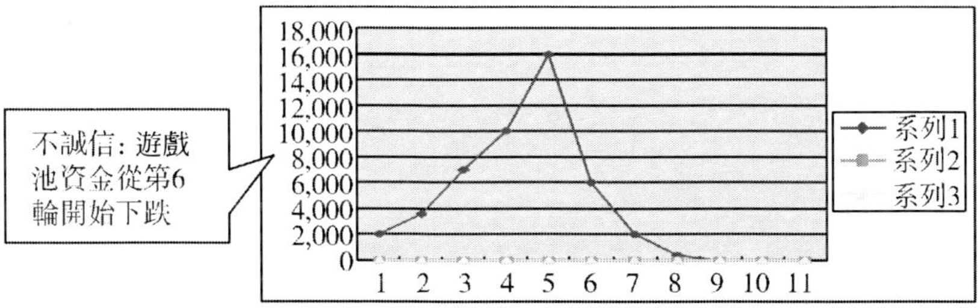

因為參加游戲的人都不是傻子。他們很快明白，有人鑽了規則的空子，沒有把手上的「資金」全部投進去！而那些按規則行事的人則成為誠實的「受害者」和遵守規則的「傻瓜」，他們反而因為遵守規則遭到了逆向的不公平待遇。於是他們開始反抗，不再按規則辦事。第六輪、第七輪上繳費用迅速衰退到零點，潛規則衝破了正當規則，整個制度架構被徹底摧毀。

這種情況與「劣幣驅逐良幣」是一個道理。

「劣幣驅逐良幣」（Bad money drives out good）也稱「格雷欣法則」（Gresham's Law），是經濟學中的一個著名定律，由 16 世紀英國伊麗莎白造鑄局長提出。他觀察發現，消費者儲存成色高的貨幣（undebase money）（貴金屬含量高），使用成色低的貨幣（debased money）進行市場交易、流通。該定律是這樣一種歷史現象的歸納：在鑄幣時代，當那些低於法定重量或者成色的鑄幣——「劣幣」進入流通領域之後，人們就傾向於將那些足值貨幣——「良幣」收藏起來。最後，良幣將被驅逐，市場上就只剩下劣幣流通了。同樣，在社會生活中，如果違反道德者每次都能獲利，而遵守規則者總是吃虧，則以後就沒有人遵守規則了。整個社會就會混亂一團，不可控制。而這種混亂會影響每一個人的生活，造成全社會幸福感的降低。

【案例 27】2010 年，朋友在參觀上海世博會期間發現，儘管世博會上人流如織，園內的洗手間卻並不擁堵。這裡等候上洗手間的遊客沒有像其他旅遊點的遊客那樣直接站在蹲位前等，而是自覺地排在洗手間門口，出來一個，再進去一個。這樣不僅很有秩序，而且也不會給正在入廁的人造成無形的心理壓力。

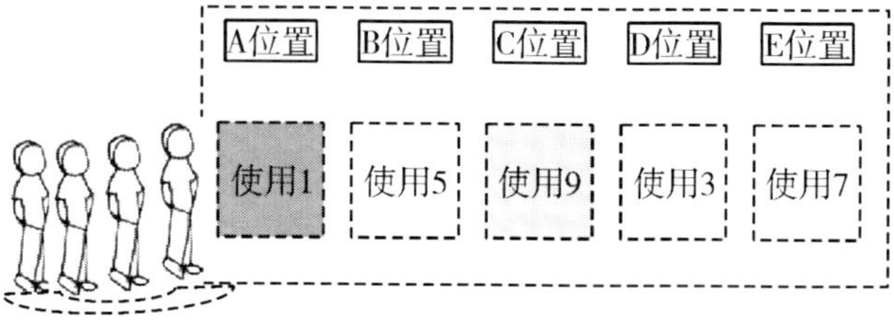

如漫畫所示，A 位置屬於等候時間最短的「優勢位置」，C 位置屬於

等候時間最長的「劣勢位置」。但是如果大家都排在門外，出來一位進去一位。這樣全部蹲位就構成了一個完整的公共資源，平等地供所有的入廁者使用。不論單個蹲位被占用的時間或長或短（1~9 分鐘），所有排隊者等候的時間都是同等的。保持這個入廁秩序，就不會有人因為沒有排到優勢位置而過多等候，那些入廁時間較長者也不會因為他人等候過久而產生心理壓力。

回到成都，朋友想身體力行地推廣一下這種做法。因為在公共場合上洗手間時經常會遇到這種不愉快的體驗。有時會因為「眼神」不準，排的那個蹲位等得太久；有時會因為害怕影響後面的同胞而壓力重重導致「神經性便秘」。所以，朋友覺得上海世博會的這種做法很公平，值得推廣。

於是在週末逛超市上洗手間時，朋友如法炮制地排在了入口處，並有意把身子橫過來擋住了半邊入口。因為先她而入的顧客還沒有出來，朋友在門口站了約 5 分鐘。那天是週末，逛超市的人很多，她身後的隊伍漸漸長了起來，大多數年輕人都自覺地排著隊。就在這時，一名中年婦女罵罵咧咧地一把推開了朋友，徑直闖了進去，「占領」了一個她自認為是優勢位置的蹲位。

39

隊伍一下子就亂了。先前排隊的人雖然感到委屈，但對此場面也完全沒有辦法，只好跟著人流衝進去搶奪最佳位置……

這個案例說明，當社會大多數成員都遵守道德規範時，社會就會進入一種公序良俗狀態。公序良俗為社會成員追求幸福提供了宏觀的秩序保障，大大減少了公民追求幸福的心理成本和時間成本。「排隊入廁」的案例告訴我們，公序良俗的社會是一個相互妨礙最少的社會。當所有入厠者都自覺遵守排隊道德時，每一個排隊者都能以最小的時間成本達到自己的目的。

雖然按照老辦法，排在「優勢位置」的人可能等候的時間較短，但你不能保證你每次都排在「優勢位置」。在門口排隊而不是在蹲位前排隊，才是真正履行「先來後到」的排隊規則。這樣做其實是最公平的。無疑大大地提高了人類活動的效率，使得人們追求幸福的活動效率最大化。[12]因此，可以說道德是幸福的公共資源，破壞規則就是破壞幸福的公共資源。

【案例 28】2016 年 7 月 24 日，北京八達嶺野生動物園發生了一起老虎傷人事件。當事遊客在自駕遊過程中不顧園方「珍愛生命，禁止下車」的規定，擅自在猛虎區下車，最終造成一死一重傷的慘劇。

【案例 29】2017 年 1 月 29 日，時隔半年，寧波雅戈爾動物園又發生類似慘劇。一名男性遊客因逃票擅自越過隔離欄，跳進虎山時被一只老虎拖咬，其他進食老虎看到後也圍向被拖拽的遊客。雖然在場喂食的工作人員和隨後趕到的警務人員全力救助，但該男子還是因傷勢過重離世。

這兩場悲劇發生後，許多網友在評論「老虎傷人」事件時一改往日不分青紅皂白指責園方的做法，開始探討這個悲劇背後的原因。人們意識到：比老虎更可怕的是國人對規則的蔑視。「禁止在猛虎區下車」「禁止翻越護欄」的規則是為了保護遊客的安全，可是蔑視規則的人對此項規定置若罔聞，最終釀成悲劇。

有了這兩場悲劇的警示，估計以後沒人敢這麼任性了。但是，在其他領域，蔑視規則的事件仍然時有發生。如在城市的十字路口，不管是不是綠燈，行人只要集齊了一撥就過街，對交通信號燈完全視若無睹。可以說，蔑視規則是一種國民災難。這種習俗不僅大大增加了社會管理成本，而且可能會給違規者帶來滅頂之災。

【案例 30】朋友於 2017 年暑假參加了一次 7,000 千米的跨省自駕遊，其中 5,000 千米是高速公路、2,000 千米是省道或縣道。這次自駕遊，他感觸最深的是公路限速大大地提高了駕乘人員的安全系數。國內幾乎所有高速公路都有攝像頭，大多限速 80～120 千米/小時，遇到彎道上下坡或隧道口還可能限速 40 千米。連省道、縣道都安裝了區間測速儀，限速 40 千米以下。所以，這次自駕遊的安全系數提高了很多，至少可以避免載重大卡車呼嘯而過帶來的驚嚇。

據中國交通部門統計，重大交通事故 70%以上是大貨車造成的。因為其自重大、煞車制動距離遠、速度快，遇到緊急情況會剎不住車。交通部門用區間測速的辦法強制司機遵守限速規則，的確是一招妙棋。

（四）以怨報德為什麼會破壞人的幸福感

【案例 31】一位網友在討論這個話題時講了這樣一件事。

一個心地善良、樂於助人的朋友為了幫助親戚家脫貧，主動把親戚剛上小學的孩子接到城裡並資助孩子上學，在生活上，也把孩子照顧得無微不至。可朋友萬萬沒有想到，這孩子把他的這一番好意與「社會不公」和「為富不仁」扯上了關係！

孩子在作文中寫道：「這個社會，為什麼如此不公？為什麼有些人一天到晚什麼也不干，卻吃香的喝辣的？比如我大舅一家人每天除了看電視就是逛街購物，卻總有花不完的錢？」

孩子的一番話一下子讓這個善良的哥們心頭堵得發慌。他很想把孩子揪過來，對著孩子的耳朵大吼一句：「什麼叫你大舅一家一天到晚什麼也不干？一天到晚什麼也不干的是你爹媽！正因為你爹媽一天到晚什麼也不干，才把日子過成這樣！你大舅怕耽誤了你都快累死了，你居然看不到！」可朋友沒有這樣做，他害怕傷了孩子稚嫩的心靈。

但這件事讓朋友開始對這孩子的前途擔憂了。孩子還這麼小，妒忌的心理就已經悄然形成。那他今後又該如何正確地面對社會競爭，如何去與人相處呢？假如我們的社會到處充斥著妒火中燒的人，這是多麼可怕的世界啊！

這個孩子的「仇富」心理完全是非邏輯的，虛構在扭曲與臆想的基礎之上。孩子他大舅一家「有錢」跟「為富不仁」之間一點邏輯關係也沒有。可是因為以怨報德，這孩子硬是把這兩件事聯繫到一起。朋友的擔心並不是多餘的，孩子這麼小就憤世嫉俗、妒火中燒、以怨報德，他長大後就可能會把自己所有的不幸都歸罪於社會或他人。這樣又如何獲得幸福感呢？

前面說到，幸福感是主體需求獲得滿足後的一種心理體驗。人的所有需求，無論是物質的需求還是精神的需求都是從社會和他人那裡獲得的。如果以灰暗的心理去看待身邊的人和事，不懂得感恩和回報甚至以怨報德，人是很難獲得幸福感的。

人生活在世界上總會遇到難事。比如迷路了需要問路，手機丟了需要借人家的手機給家人報平安，摔倒了希望有人扶助——正常情況下，人的這種求助一般都能獲得滿足。如果相信「世上還是好人多」，就會因為獲得幫助而感恩、而幸福；如果以怨報德，則會把所有的善意都看作「騙局」「假慈悲」，其安全感會喪失殆盡，當然不可能快樂。

又比如，「給老板打工」已成為當今年輕人工作的常態，打工者的心態卻各不相同。有的人因為感恩老板給了自己一份穩定的收入，雖辛苦但快樂著；有的人則會因為老板「剝削」了自己的勞動力而抱怨、痛苦。實際上，在社會正常的經濟秩序下，「付出」與「獲得」基本上是成正比的。相信世上自有公道在，感恩為自己提供工作機會或學習機會的人，會讓我們的心裡充滿陽光。這種良好的情緒狀態會極大地調動我們的潛能，使我們獲得更大的職業上升空間。

（五）德性如何影響我們對幸福的深層體驗

德性即人的道德品性。漢語中的「德性」一詞出自《禮記・中庸》：「故君子尊德性而道問學」。後人解釋，「『君子尊德性』者，謂君子賢人尊敬此聖人道德之性，自然至誠也。」即指人的自然至誠之性。在亞里士多德的《尼各馬可倫理學》中，「德性」是指勇氣、自制、慷慨、真誠這樣的道德品性。

德性如何影響我們對幸福的體驗？

因為人有受尊重的需求和自我實現的需求。「德性」就是通過滿足人的這些高層次的需求來影響人的幸福感。所謂「自我實現」，即通過對社會的貢獻實現自我價值，受尊重的需求包括獲得成就的需求，也包括他人對自己的認可與尊重的需求。這兩種需求都包含道德等精神因素。因此，人對幸福的深層體驗本質上是一種道德體驗。人對幸福的深層體驗實際上是人的高級需求——受尊重的需求和自我實現的需求得到滿足的心理體驗。

相對於物質因素帶來的生理享受（如美食、華服等），道德感和自我價值感帶來的精神享受能帶給人更大的幸福感。因為人是一種需要價值感和存在感作為精神支持的生物。貢獻和創造帶來的價值感能夠提升人的自豪感——被社會需求、被他人需求的自豪感，同時提升人的存在感——-有利他人、有利社會的個體存在感。

道德感包括良心或惻隱之心、責任感或者擔當義務的使命感、榮辱感或者遵守規範的應然感。道德感給人以「我是一個好人」「我是一個對社會有用的人」的價值體驗，即自尊、自重和自我價值的心理體驗。這種心理體驗使得道德這種來自外界的束縛內化為個體的行為模式。

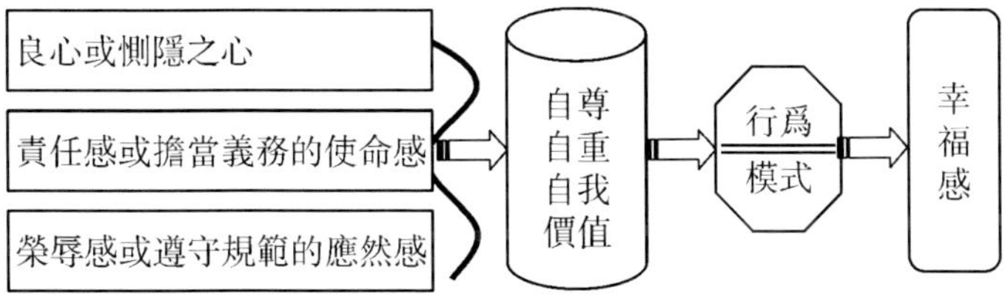

行為模式是人在決策或處理問題時所持有的基本態度，也是人在成長過程中形成的固定的處事方式。每一個成年人都有其特定的行為模式。比如有的人總是遇事就躲，有的人經常見義勇為，這兩種不同的處世態度都是個體特有的行為模式。行為模式一經形成就會貫穿於整個人生，除非生活中遇到了重大變故或發生了重大轉折。就好比任何一款游戲，不管其流程有多複雜或多麼簡單，游戲中的每一個角色的行為模式都是相對穩定的。行為模式的穩定性使得我們可以根據自己對一個人的瞭解判斷他在關鍵時刻會做出什麼決策。

【案例 32】有一女孩問她的閨密，「地震時男友丟下我自己先跑了，我該不該分手?」說的是地震時，他們那兒的震感比較強。當時女孩和男友正待在五樓的家中看電視。感覺到地震的時候，男友喊了句「地震了」，就自顧自地往樓下跑。等她反應過來，男友已經跑到樓下院子裡了。這讓她對男友感到失望。雖然很多人說「逃跑」是人的本能反應，可是她還是覺得心裡別扭。

女孩的疑惑是有道理的。雖然人類遇到突發危險會條件反射不假思索地做出逃避、逃跑的舉動，但是如女孩描述，當時男友完全有時間帶女孩一起跑。然而出現危難的時候，心裡的第一反應是自己跑，那以後要是再出現這樣的情況，肯定還是會自己跑，那還怎麼保護自己愛的人和自己的親人? 說實話，就算是不相干的人，也會衝進危險的災區去救人，這樣一對比，很讓人心寒。就算女孩現在原諒了他的「本能」，以後心裡還是會有一根刺。

如同參與游戲者必須依照角色的行為模式來執行操作一樣，每個成年人也有自己固定的行為模式。危難關頭，有人首先想到的是家人和朋友，有人只想到自己。這是「利他」或「利己」兩種行為模式在特殊情境下的反應。對於女孩子來說，和具有「利他」行為模式的男士在一起肯定心裡要踏實得多。

又如，老人倒地扶不扶的問題，不同行為模式的人處理這件事會有不同的做法。樂於助人者的第一反應是去「幫扶」，哪怕曾經被誤解過。以後再遇到同樣情境，他們還是傾向於幫扶。

【案例 33】2015 年 9 月，淮南大學生小袁「扶老人」反被誤解事件再次引發網友「扶或不扶」的熱議。雖然誤會最後被澄清，但事件本身還是對小袁的生活造成很大的干擾。儘管如此，親身經歷並身處輿論漩渦中的小袁給出了明確的回答：「如果有第二次機會，我還是會選擇義無反顧地去扶老太太……每個人在遇到困難時都需要幫助，只有扶起了別人才能扶得起自己。」

「只有扶起了別人才能扶起自己」正是人的「良心」所引起的「道德使命感」。人是生物有機體，具有自然性；同時，人又是社會的成員，具有社會性。作為自然性的人，其行為趨向生物本能——趨利避害；作為社會性的人，其行為趨向社會道德——行善、做好事、幫助他人。一個人如果在童年期有過正常的社會化教育，一般都會有「利他」傾向。當「助人為樂」成為習慣，其行為模式在遇到相同情境時就會做出相應的反應。由此我們就不難理解「好人」為什麼能夠「堅持做好人」的緣由。大學生小袁作為一個成年人，其價值觀和行為模式已經形成。對於他來說，只有「幫助了需要幫助的人」才能對得起良心，才能為其帶來幸福感。所以，我們相信下次遇到老人摔倒，他還是會義無反顧地去扶。

在這種情況下，[12]道德規範就成為人們獲得幸福的必要條件。這種對幸福的道德體驗直接影響人們的行為方式。一個有道德感的公民不會為了自己一時的方便而冒犯別人。因為破壞公共秩序帶來的羞恥感會破壞他的幸福感。比如排隊，插隊的人可能會因為後來先得而感到幸運快樂。但是他在方便自己的同時也會受到他人的指責。道理很簡單。插隊會破壞公平，引起其他排隊者的憤怒和指責。插隊者在受到他人的指責後當然會有生氣、沮喪等痛苦體驗。這與他追求快樂的初衷是背道而馳的。

道德是靠社會輿論和人的內心信念起作用的。而內心信念起作用的機制在於，人在遵守道德規範的過程中得到了良心的獎賞和自我實現的快感。對這種最高層次的幸福的追求會使人成為一個高尚的人，一個願意為他人著想、願意為社會做貢獻的人，一個受歡迎的人。而受社會認可、受他人尊重、被群體接納，又會給個體帶來更大的機遇。

六、樂商是人的價值評價體系的體現

（一）價值評價如何影響人的幸福感

價值評價是人根據自己所追求的目標和主觀體驗對事物對象的有用性和有利性做出的評價。在這裡，評價並不是事物對象本身的屬性，而是事物對象對於評價者的意義。某件事對於某個人說來是有意義的，他就會認為這件事有價值；其他人認為這件事無意義，就會否認其價值。

【案例 34】四川涼山州雷波縣有個叫韓拉莫的 65 歲農民，花了 3 年時間自制了一架直升機，他想開著這架飛機上山放牛羊……這架簡陋的「直升飛機」，安的是摩托車用發動機，機身由鐵皮組成，機底支撐是 3 個摩托車輪。大家覺得這樣的「飛機」沒有可能飛上天，老漢的功夫算是白花了。可是，這個只上過 3 年小學的老農看著自己的「大作」卻非常開心。因為這種創造性的勞動讓他對未來充滿期待。

很多網友也支持老漢的想法，覺得有這樣的夢想和精神比試飛成功更可貴。在人類歷史上，「登月」也曾經是遙不可及的夢想。但是人類不息的探索讓這個夢想變成了現實。科學發現者不同於常人的地方在於，即使沒有成功，他們也能在科學探索過程中獲得快樂。這些「忘我」工作的人自有一套值得或是不值得的價值評價體系。

價值評價體系是在價值觀的基礎上形成的一套價值評價標準。如在老漢自制土飛機案例中，老漢和鄰居們的評價標準是不一樣的。老漢追求的是創造性勞動帶來的自我價值感和快樂，但是用世俗的標準來衡量，這個飛不起來的直升機沒有任何使用價值。

每個人的生活目標不同，其價值評價標準也會有所不同。選擇什麼樣的評價標準是個人的自由。只要不違規、不違法，不會對社會產生不好的影響。比如這位自制飛機的老農，花的是他自己的錢和時間，圖的是他自己的高興，無論試飛的結果如何，別人都無話可說。但是，由於人的價值評價體系與「樂商」密切相關，適時、適當、自覺地調整自己的價值評價體系有利於提升個人的幸福感。因為，價值評價體系的改變意味著視角的改變。有時候，同一件事換個視角就會讓人快樂起來。

【案例 35】一個獨居老太去醫院看牙。醫生從病歷上發現這個獨自來看病的老太居然「奔九」了，便嗔怪地說，「您老這麼大歲數怎麼一個人來啊？」一句話讓老太太想起過世多年的老伴兒，想到子女遠在外地幫不上忙，自己這麼大歲數什麼事都得自己承擔，老太太就覺得自己孤苦伶仃，不由得直掉淚。

沒曾想，在場的一個老大爺冒了句「您老福氣啊」讓老太止住了淚。大爺頭頭是道地說，「好多老年人還沒到您這歲數就被困在家裡了。自己出不了門，想買個啥都得求人。您還能自己打車出來走動，多自由，多有福分呀！」老太太想了想，這話在理！可不是嗎？隔壁老張半身不遂，想出門曬個太陽都得看家裡人得空兒沒有。再看自己，「奔九」的人了，身體還挺好，想去哪兒自己打車，想吃啥自己去超市買，每年暑假還能和孩子一起到全國各地的風景區旅遊。這一比，老太太覺得自己真是太有福了！

價值評價體系不同，評價的結果便大相庭徑！

為什麼同一個人，同樣的境遇，換了一種想法，人就變得快樂了呢？這是因為，換一種想法實際上是調整了自己的價值評價體系和評價標準。當老人家把「未得到子女照料」的悲哀轉化為「能自由行動」的自豪以後，高齡老太太獨自出行這個事件的性質就發生了轉變。以前的「壞事」變成了「好事」，憂愁就會轉化為快樂。

在這個案例中，價值評價的主體是個人（老太太），評價的對象是高齡老人自己打車去醫院；評價的標準是個體對於「福份」的界定。由於每個人的價值評價體系不同，對「福分」的理解就不同，其價值目標自然不同。老太太開始覺得自己可憐，是因為按照社會流行的觀點「老人自己上醫院」就是「孤苦伶仃」，在被大爺「點醒」後，從「健康、自由」的角度重新定義老年人的「福分」，看事物的眼光變了，評價結果自然不同。

唯物辯證法告訴我們，任何事物都是由矛盾著的兩方面構成的。「好與壞」「幸福與不幸福」這些相互矛盾著的兩方面共處於一個統一體中，在一定的條件下相互轉化。因此，壞事可以轉化為好事，好事也能變成壞事。

就像國企改革曾造成大批前國企員工下崗，失去工作。這對於下崗工人來說本是一件「壞事」，但正是因為下崗把人逼到了「死而後生」的境地，倒讓其中的部分人重新找到了自己的價值，比以前在國企上班時活得更精彩。

【案例 36】一位曾經的國企辦事員，「一杯茶，一張報紙」地在辦公室虛度了十多年光陰，40 多歲時趕上企業改制，下了崗。剛下崗時，他絕望過、痛苦過，痛定思痛後他開始嘗試各種力所能及的工作，最後居然進入了自己最喜歡的行業——教育。因為他喜歡教育，自身文化基礎好，又肯在孩子們身上用心，他的教學得到了孩子和家長的認可，報名者的踴躍讓他始料不及。他的朋友開玩笑說，要知道是這樣，還不如早點辭去國企的職位去當培訓老師呢。

現實情況是，如果沒有「下崗潮」的衝擊，他也許這輩子都不會嘗試去做培訓老師。因為相對國企辦事員這一輕鬆的職業，後者的風險要大得多。這位朋友剛開始到培訓學校上班時，工資只有他在國企上班時的三分之一，活兒卻是原先的三倍，還常常面臨完不成招生任務被辭退的風險。從人的「趨利避害」的本能說來，很少有人會自討苦吃，除非被環境逼到絕境而「死而後生」。

價值評價體系對人的幸福感的影響主要表現在人的行為選擇上。比如對於下崗的態度，人們可以選擇努力讓自己獲得新的事業，也可以選擇憤世嫉俗，在抱怨頹廢中荒廢餘生。雖然奮鬥了不一定會成功，但奮鬥本身會給自己帶來新的希望和新的快樂。如果把快樂的標準調整為「享受奮鬥的過程」，則人可以在任何環境中獲得快樂。

（二）價值評價體系是個體行為選擇的預設前提

人們每天都在做出選擇，如案例 35 中的國企員工對於「下崗」的態度的選擇。有人選擇從頭奮鬥，有人選擇憤世嫉俗。不同的選擇必然導致不同的結果。選擇奮鬥者比下崗前活得更精彩；憤世嫉俗者的生活處境卻不會因為其抱怨得到半點改善。在這裡，價值評價體系是個體行為選擇的預設前提。人只有預設自己的行為是有意義的才會全力以赴。價值評價體系決定了人們看問題的角度，而看問題的角度又影響著人們的行為選擇。

曾有人用一棟房子的故事來說明兩種人對待貧富的態度。

兩個來自不同國家的無房者 A 和 B 路過一棟高檔別墅：

A 說，「真不公平！那麼多人沒房子住，他們憑什麼住這麼大的房子！」

B 說，「這不算什麼！只要努力，我今後會住上比這更大更好的別墅！」

同樣是無房者，A 和 B 在看到這棟豪華別墅時的感受是完全不同的。A 的切身感受是對為富不仁者的憤怒，B 看到的是奮鬥的前景。二者對社會公平的評價標準是完全不同的。在 A 看來，有人無房住，其他人就不應享受這麼大的房子；而在 B 的評價體系中，「公平」不是無差別的絕對平均，而是一種「機會平等」和「權利平等」。他相信在機會平等的條件下，通過勤奮努力，自己也能住上這樣的房子。

騰訊網報導過一個 38 歲的北漂鐘點工 W 女士一天打四份工，十年買兩套房的故事。這兩套住宅，一套在其安徽老家，另一套還是環京的房產——位於河北固安！網友感嘆：受北京房價大漲的影響，距離北京 50 千米的固安早已成為房產投資的熱點，再加上「新機場」等利好消息，固安房價大漲，一個小鐘點工居然購置了固安的房產，真是人生贏家啊！

W 女士也並非開始就有錢的。十年前，剛到北京的時候，她在酒廠做流水線工人，一個月只有 700 元錢。還有一個兒子和一個女兒要撫養，生活可謂艱辛。一次偶然的機會讓她成為家政服務員。勤奮的她每天做 4 份工，一份工大約花費 3 個小時。不算路上奔波，一天僅工作就有 12 個小時。每天 6 點就要起床開始一天的勞作。靠著這樣的勤奮和努力，她和老公在十年內買了兩套房。2014 年夫妻倆還買了一輛車。

北漂鐘點工 W 女士相信，只要自己足夠努力，家人就會有更好的生活。這樣的信念使得她能夠承受繁重的勞作，在艱苦的環境中堅持下來。她的堅持得益於其價值評價體系——「相信社會公平的存在」和「認可市場經濟條件下的機會平等」。這種價值評價是其能夠堅持十年的預設前提。試想，如果不能預設「社會公平」和「機會平等」，我們還有什麼動力去努力呢？如果什麼都不用干就能得到「均貧富」的待遇，還有多少人願意去吃苦奮鬥？可以說，願意通過努力改善自己的生存狀態的人內心都有這樣一個預設——「上天自有公道，付出必有回報」。這樣的預設使得他們對自己的前途非常樂觀，也給了他們無窮的動力。

相反，假如我們把「社會公平」看作所有社會成員「絕對平均」，內心自然會不平衡，甚至會因此滋生「仇恨」情緒。

網上曾曝出山東青島嶗山一小區的兩名年輕保安一夜間無端劃傷了停放在隔壁小區的 30 輛車！事發後被追問動機，他們的回答竟然是「這些開好車的都是為富不仁」「就想整整這些為富不仁的有錢人！」

這兩個年輕人如此「仇富」，竟然不顧付出違法犯罪的代價去泄憤，顯然是其價值評價體系出了偏差。因為不相信正義和公平的存在，他們把所有的「有錢人」都視作為富不仁。這樣憤世嫉俗的人很難獲得快樂。因為他們總是把自己看作不公平的犧牲品和被傷害的對象，其心理防禦機制一直處於緊張動員狀態。怨氣傷身，長期設防所造成的巨大精神壓力，使其內心難以安寧。

（三）主導價值觀對個體行為選擇的導向作用

主導價值觀是指一個社會中反應社會主流意識形態、具有鮮明的價值導向功能的價值觀。比如中國古代所倡導的「仁、義、禮、智、信」，現在所倡導的「愛國、敬業、誠信、友善」以及「遵紀守法、誠實守信、樂於助人、認真負責」等行為規範。

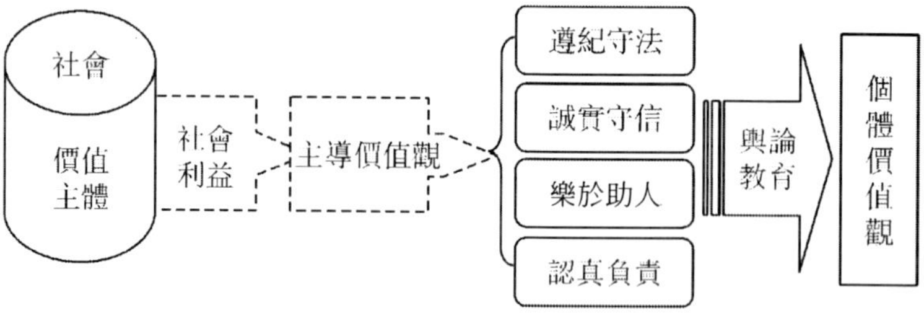

主導價值觀的出發點是「社會」。也就是說，當我們以社會為價值主體時，社會公共利益就成為某種行為正當與否的評價標準。被評價的對象是個人行為（價值客體）。主導價值觀所推崇的道德信條，如遵紀守法、誠實守信、樂於助人、認真負責等都是對社會、對大多數社會成員有利的行為，其目的是維護大多數社會成員的利益，促進社會和諧。

通過社會輿論和教育的作用，主導價值觀最終轉化為個人價值觀而對個體行為起導向作用。例如，初生嬰兒是不受任何約束的，想吃就吃，想拉便拉。而到了 3 歲上幼兒園時，寶寶已經懂得了不能隨地大小便，有了羞恥之心和遵守規則的意識。這就是教育的結果。

主導價值觀的導向作用在於，它明確地告訴每一個社會成員，社會提倡什麼或反對什麼，什麼是應當做的，什麼是不應當做的。當個人行為符合社會主導價值觀時會得到肯定和贊賞；當個人行為違背主導價值觀時會受到否定和批評。肯定和贊賞也好，否定和批評也好，都會在我們身邊形成一個輿論的「社會場」，身處場中的每一個個體都會受到輿論場的影響。因為所有符合主導價值觀的言行都會獲得輿論的贊揚和支持，凡是違背主導價值觀的言行都會受到譴責。這樣，身處「輿論場」中的人們會感受到壓力，促使人們選擇主導價值觀所倡導的行為。例如，孝敬老人受到贊美，會促使大家爭相效仿；虐待老人受到譴責甚至法律的制裁，會讓人引以為戒。

【案例 37】2015 年 10 月，某線上平臺在 APP 裡推出了一款名為「扶老人險」的險種，該險種保費為 3 元，保期一年。若被保險人在保險期內發生「好心扶起受傷老人反而被訛」的意外狀況，最高可獲得 2 萬元的法律訴訟費用賠償。扶老人險上線後很快引發網友熱議，平臺的官方微博在上線當日轉發超過 4,000 餘條，點贊 3,000 餘次。上線 3 天已有 2.6 萬人參與投保。

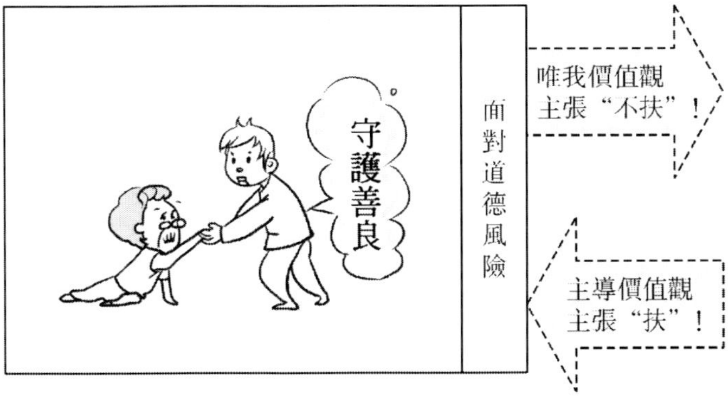
守護善良
面對道德風險
唯我價值觀主張“不扶”！
主導價值觀主張“扶”！

扶老人險受到網友追捧，表明了社會輿論的向善性。社會輿論的正能量使得大多數社會成員都能接受主導價值觀所倡導的社會公德，合理合法地獲取各項社會資源，創造自己的幸福生活。凡是經過正常社會化，具有正常人格的個體都會把與社會主導價值觀保持一致當作自己的義務，並且以此為前提獲得他人的尊重和社會的認可。

(四) 為什麼「得道多助」而「失道寡助」

孟子說：「得道者多助，失道者寡助。寡助之至，親戚畔之；多助之至，天下順之。」[①] 其中的「道」就是道德或道義。人在社會中生存，要得到社會的認可，合理合法地獲取各項社會資源滿足自己的物質需求和精神需求，就必須遵守主導價值觀所倡導的各項道德規範，即得道多助，否則，將會陷入失道寡助、寸步難行的境地。

這是因為，主導價值觀實際上是人們為了維護人類生存與發展所需要的秩序和穩定而制定的規範體系，刻意違反規範實際上是刻意與整個社會為敵，其日子當然不好過。因為沒有人願意和不誠信的人做生意，沒有人願意借錢給「老賴」，沒有人願意錄用信譽不好的員工，沒有女孩子願意嫁給「花心男」或者「負心漢」……一句話——將心比心。要想社會認可自己，就必須先接受社會公德的約束，自覺順應主導價值觀的要求。即

① 《得道多助，失道寡助》，出自《孟子·公孫醜下》。

· 只有造福社會，才能實現自我價值；
· 只有誠信不欺，才能得到他人的尊重；
· 只有認真負責，才能得到他人的認可；
· 只有樂於奉獻，才能得到愛情和友情。

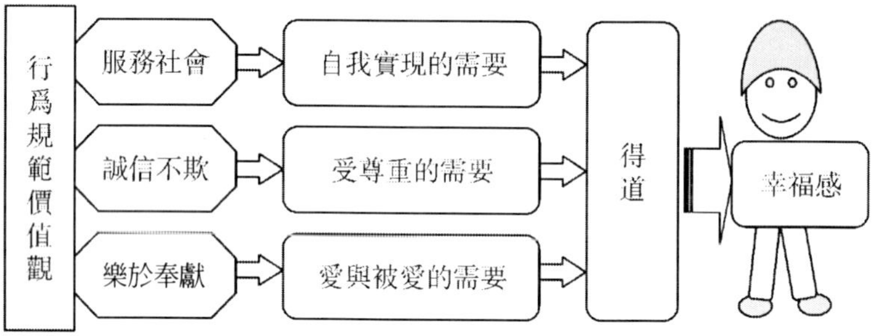

生活中有很多反面的例子告訴我們，與主導價值觀背道而馳將會使自己的人生舉步維艱。其中最典型的就是「反社會人格障礙」，具有這種人格障礙的個體常常與全社會為敵，以衝動和不負責任的方式破壞規則，傷害無辜，最終使自己被全社會孤立。世界各國發生的恐怖事件大多是這種具有反社會人格障礙者所為。

【案例 38】2017 年 10 月 1 日，美國拉斯維加斯發生槍擊事件。當 2 萬多人在位於拉斯維加斯的 Route 91 harvest 鄉村音樂節上狂歡時，64 歲的白人男子斯蒂芬·帕多克（Stephen Paddock）在距離音樂節約 400 米的曼德勒海灣賓館 32 層用藏匿的數十支槍向音樂節現場瘋狂掃射。該事件造成 59 人死亡、527 人受傷。

罪犯與參加音樂節的群眾沒有半點恩怨，卻用無比殘忍的方式將他們殺害，其特徵行為就是對社會的敵意導致的內心衝突和仇恨的發泄。

在我們的日常生活中，這類病態的反社會人格障礙者並不多見。但是因缺乏規則意識和契約精神而使自己被社會孤立的人卻並不少見。

【案例 39】朋友的快捷酒店曾接待一個 20 多歲的小伙子。開頭幾天無異常，可是從第五天開始他就以匯款未到帳為由欠費了。善良的老板沒有追究，之後他竟然以「以後一起還錢」為由打電話向老板借錢。儘管他在電話中信誓旦旦地用自己的「人格」擔保「一定還」。可是，老板還是懷疑他的人品有問題就婉拒了。

這個事兒在朋友圈中發布後，有網友質疑老板武斷。也許這個年輕人真的是遇到了困難，你總不能因為他欠費就懷疑他的人品吧？問題是這個年輕人多次違約，老板懷疑他人品有問題是有根據的。因為人品是一個人固有的品性和處事方式的表現，是一種固化的行為模式。有什麼樣的人品就會有什麼樣的處事方式。在日常交往中，人們都是根據自己對一個人的人品的瞭解選擇信任他或不信任他。這個年輕人多次失信於人，就像那個「狼來了」的故事中撒謊的孩子。當狼真的來了，他真的遇到困難需要求助他人時，已經沒有人願意相信他了。

【案例 40】25 歲的程序員戴某在應聘新公司時，因為原公司出具的一份離職證明上的一句話被新公司拒絕。這句話就是「該員工在項目未完成情況下因個人原因離職」。這句話成為新公司拒絕的理由是因為在 IT 行業，程序員沒做完項目就離職，對公司影響很大，因此用人單位都很忌諱。新公司負責人說：「如果他再次中途離職，公司承擔不起損失」。因為這份離職證明，戴某在許多公司應聘被拒，導致他再也不敢到同行業的公司應聘。他為此非常苦惱，「即便是其他行業，人家看了離職證明上的那句話，都會覺得你對工作不負責。」為此，他還把原公司告上了法庭。

根據律師說法，原公司出具的離職證明寫了不利於勞動者的條款有違法嫌疑，但是該程序員違約給自己造成困境也是不爭的事實。

上述兩個案例的當事人都涉及違背誠信原則和契約精神的行為。因為曾經失信於人而得不到他人的信任和幫助，最後使自己被社會孤立。

在公共生活領域，自覺與社會主導價值觀保持一致會減少人際交往中的許多煩惱，有利於個人與社會和諧相處，增加個人的幸福感。

【案例 41】某新建小區部分居民正在「裝修」，而另一部分居民已經入住。中午，樓上業主裝修房子要開電鑽，樓下業主要休息，二者的要求相互矛盾又都有其合理性。為了協調雙方的利益，小區物管公司貼出告示規定了業主裝修的時間段，要求業主中午、晚上和週末不得進行有噪音的施工……

在這個案例中，物管的規定實際上是一種「群體規範」[14]。這一群體規範通過告示的方式要求正在裝修的業主和已經入住的業主都讓渡出一部分「自由」，以保證雙方利益（正在裝修的業主讓渡部分施工的自由，已經入住的業主讓渡部分保持安靜的自由）。對於一個具有公德的公民來說，在住宅小區這樣一個「公共生活領域」，遵守規定約束自己的行為以達到與人和諧相處的目的是自己必須履行的義務。因此，他不會因為不能「自由」施工而抱怨不已，也不會因為違反規定而受到輿論的指責。

（五）成功企業的文化基因和價值基礎

向「成功」邁進是一件快樂而幸福的事情。人們渴望成功，不僅僅是因為成功可以帶來職位的升遷和收入的增長，還因為成功能夠讓人發現自己的價值，使人的受尊重的需要和自我實現的需要得到充分的滿足。

在市場大潮中，真正能夠獲得成功的企業都是少數。考查成功企業走過的軌跡會發現，每一項成功的事業背後都有一個助其成功的價值體系。用現代流行的說法，就是企業文化。大家都知道，山西的「晉商」百年不衰的傳奇，這個傳奇的背後就是以誠信為基石的晉商精神。

山西大同籍著名行銷專家、全球第二大融資類門戶網站——融資網首席執行官唐朝曾在總結晉商成功的經驗時提煉出「新晉商精神」：

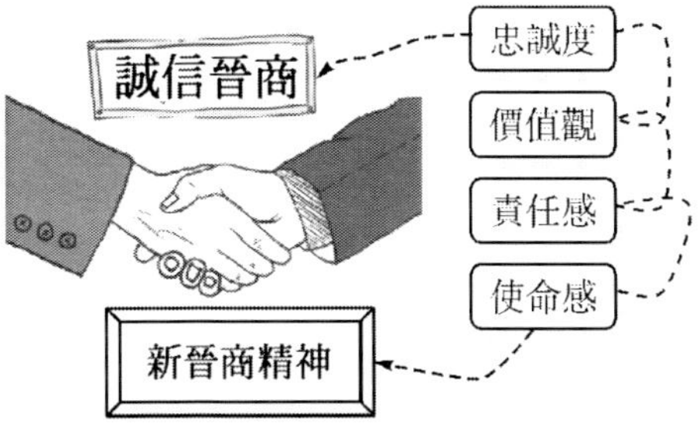

一是忠誠度。無論是人才還是新晉商，都離不開忠誠度——對祖國的忠誠、對民族的忠誠、對事業的忠誠、對家庭的忠誠。忠誠度屬於精神層面的東西，是錢買不來的，只能靠精神的交換才能培養出來。落實到企業家身上，首先就是你的人品。

二是價值觀。人品是價值觀決定的，因此企業家必須具備正確的價值觀。他們對社會的道德體系和價值體系都具有不可推卸的社會責任和歷史責任。企業家要在商業模式、盈利模式上花費一些時間和精力，堂堂正正、光明正大、問心無愧地享受財富帶給我們的快樂，而不是整天琢磨著如何收買張三或李四弄得心驚肉跳。

三是責任感。首先是社會責任，新晉商所要承擔的第一社會責任就是遵紀守法。相信「沒有規矩不成方圓」。這個「規矩」對於國家來說就是指的法律，對於公司來說就是規章制度。「規矩」後面的結果是「方圓」。各行各業都要有自己的規矩，沒有規矩就無法按照正常規則去運行。維護國家良好運行靠的是法律，維護企業運行靠的是規章制度。

四就是使命感。作為新晉商，賺錢是結果，不是目的。賺錢的目的是為了社會的進步和民族的強大。這就是新晉商的「使命感」。

晉商之所以能夠成功，是因為他們把服務社會、滿足社會需求當成自己的責任和使命。縱觀古今中外的成功企業，哪一個沒有相似的價值體系。

個人或企業若將自己的奮鬥目標定位於服務社會，盡自己所能去滿足社會的物質生活需求、文化生活需求、醫療衛生需求或其他社會需求，則社會會回饋給個人以聲譽、地位、財富和更多的社會資源，使其獲得更好的發展條件，並形成一種良性循環：服務社會—獲得資源滿足個人需求—更好地服務社會，獲得更多的社會資源……這就是富有者更富有的原因所在。

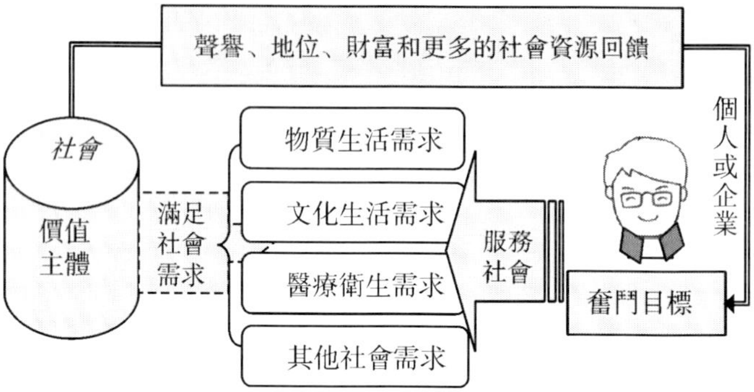

許多成功學都倡導自強不息。沒錯！凡成功人士都屬於自強不息的典範，那些成功學報告和「心靈雞湯」為此可以舉出成百上千個實例。但是別忘了，自強不息只是獲得成功的必要條件，而不是充分條件。必要條件有一個特點：無之必不然，有之未必然，即沒有這個條件一定不能成功，有了這個條件也不一定能成功。那麼，在追求成功的路上，除了自強不息外，我們還需要什麼條件？其中另一個必要條件是你的努力能夠滿足社會主體的需要，切實為社會做出貢獻，你才能獲得應有的回報。

七、樂商是人的內在修養的體現

（一）寬容是踏入幸福之門的道德基礎

因為他人的過錯而生氣甚至憤怒是常見的引起人的不快樂感的原因之一。荷裔美國作家亨德里克·威廉·房龍（Hendrik Willem Van Loon）在《寬容》一書中從人文主義的立場出發，探尋了人類精神上「不寬容」的原因。[15] 書中告訴讀者，這個世界仍然不是一個幸福的世界。人類要到達「幸福的彼岸」，需要每一個人、每一個民族、每一個社會，學會寬容。

書中所說：學會寬容。這句看似簡單的哲理道出了人類最本質的美德。正如《寬容》一書的表達的：寬容是一種美德，更是一種奢侈品，「購買」它的只會是智力非常發達的人。

生活中難免有失誤、有波折，當過失所造成的危害在所難免時，選擇寬容是一種智慧，更是一種美德。因為只有最善良的人才能這樣心胸無比寬廣，才能寬容一般人所不能寬容的過失。

【案例 41】心理學教科書中有這樣一個案例。說的是一個男人在危機時刻表現出來的寬容如何挽救了妻子的絕望，保住了妻子的尊嚴和一個家。

這對恩愛夫妻結婚後 11 年才生下一個男孩，自然非常寶貝他。沒想到，男孩兩歲時的某天早晨，丈夫出門上班之際，看到桌上有一瓶打開蓋子的藥水，因為趕時間，他只大聲告訴妻子記得把藥瓶收好，然後就關上門，上班去了。妻子在廚房裡忙得團團轉，卻忘了丈夫的叮囑。男孩拿起藥瓶，被藥水的顏色所吸引，覺得好奇，於是一口氣都給喝光了。

由於男孩服藥過量，雖然及時送到醫院，但仍舊回天乏術。妻子被突如其來的意外嚇呆了，不知如何面對丈夫，更害怕丈夫的責難。焦急的父親趕到醫院，得知噩耗非常傷心。但是他沒有責怪妻子，只是看著妻子說了句：「I love you darling！」（我愛你，親愛的！）

可以想像這位妻子在聽到這句話時的反應：驚異、感動……丈夫的寬容和理性溫暖了她破碎的心靈。孩子已經沒了，但家還在，愛還在，妻子有活下去的勇氣和力量。

90/10 法則告訴我們，生命中百分之十的事件由際遇組成，是不可控的，如生老病死不以人的意志為轉移；另外百分之九十由人對這件事情的反應或者態度組成。而態度是可以通過人的主觀意志來調控的，調控度的大小與人的道德品質和個人修養密切相關。通常寬容善良的人「樂商」更高。他們在危機時刻更加沉著、冷靜、理性。因為兒子的死亡已成事實，再多的責罵也不能改變現況，只會惹來更多的傷心；而且不只自己失去兒子，妻子也同樣失去了兒子，因為過錯，妻子的痛苦更大。在這種時候，抱怨是不人道也是不理性的。

寬容是一種崇高的道德境界，包含著理解和原諒，透著仁愛的光芒。寬容是心理健康的調節閥。能夠寬容別人的人，其心胸像天空一樣寬闊，像大海一樣寬廣。對於生活中因失誤發生的事，任何抱怨指責都無濟於事，唯有寬容能夠讓自己和他人獲得解脫。因此，可以說寬容是提升人的樂商水準的必由之路。

對於生活中已經發生的事情，任何指責和抱怨都無濟於事。寬容別人同時也是解放自己。有的時候只需要換個心態、換個思路就能把一件不高興的事兒變成讓大家都開心的好事。

【案例 43】李女士有一年過生日時沒有收到老公的祝福短信，估計生日蛋糕也忘記買了，這讓她心裡多少有點失望。雖然她不在意有沒有生日禮物，但對最親密的人的祝福還是很在意的。不過事情已經這樣了，這個時候責備老公也沒用。算了一下日子，那天正好輪到夫妻倆人到公婆家值班做家務照顧老人，估計老公這會兒已經下班到他父親家裡報到了。這個時候發短信老公可能注意不到，打電話在老父親面前埋怨則會讓老公尷尬，不說吧自己心裡又憋屈得慌。想了想還是決定不生氣，自己找個兩全其美的辦法解決這個問題。回家途中恰巧看見附近一家酒樓打出的「海鮮外賣」的廣告，於是李女士若無其事地給公公打了個電話，告知今天想請他老人家在家裡吃海鮮慶祝自己的生日，現在正在酒樓等著打包呢！

事情的結果是，當李女士拎著大包小包的海鮮熟食走進公婆家時，餐桌上已經擺上了一個大大的生日蛋糕，還有一屋子親朋好友的笑臉。原來，老公「偷聽」了父親的電話後立馬「將功補過」，不僅通知了兄弟姐妹到父親家給老婆慶生，還請他們順路代買了生日蛋糕或禮物帶過來……

男人有時候就是個粗心的動物，再有魅力的女性也不能擔保她的老公或男友不出這種差錯。對於這類不可控事件，任何抱怨都沒有用。這時候生氣或放縱自己的不理智行為只會給事件雪上加霜。樂商的作用在於幫助我們改變思路，從而改變我們處理這件事的態度，獲得相對圓滿的結局。

心理學有一種理論叫「戴尼提」。[16] 它告訴我們，不愉快事件會讓我們產生心靈創傷並在心理上留下「印痕」，以後遇到相同情境時這種心理「印痕」就會再現，最後會形成一種惡性循環，委屈—生氣—更委屈—更生氣……如果我們計較日常生活中每一個小小的失誤，每一次都為此感到委屈，那麼這些委屈就會累積成一座大山，成為心靈的病竈。一遇到相同情境就會往壞處想，「他不愛我了」「他真的不愛我了」「他心裡一定有別人了」……越想越委屈，最後只有分離。離婚後才發現對方的好……

我們不是神，控制不了別人的失誤。但我們可以選擇對待這些小失誤的態度，通過轉化矛盾，把壞事變成好事。

（二）尊重他人才能享受被尊重的快樂

尊重別人是一種美德，受人尊重是一種幸福。尊重是雙向的，只有尊重別人的人才能獲得別人的尊重。因此，善解人意，善於尊重他人也是「樂商」的主要因素。

【案例 44】一位老年朋友在與準親家商定兒女的婚姻大事時，對方家長幾次自謙「自己沒文化」。其言語中透出一種對境遇的無奈，讓朋友感到很尷尬。為了消除尷尬，當對方再次提起這個話題時，朋友巧妙地接過他的話，說了句「沒文憑不等於沒文化啊！您雖然沒上過大學，但您喜歡讀書，比現在那些有文憑不讀書的大學生有文化多了。」

「沒文憑不等於沒文化」，這句透著真誠和理解的大實話，一下子就讓雙方的談話變得輕鬆起來。他知道，親家雖然沒有上過大學，可自幼勤奮，博覽群書，年輕時也算是當地的一名「才子」。聽到準親家如此在理的誇贊，他當然開心。兩家的關係也在這種相互理解中變得更加融洽。

朋友處理這件小事的態度是他一貫的為人處世的態度，即凡事站在對方的立場上去考慮，尊重他人的才華和能力，寬容他人的怪癖和不當。實際上，他親家說自己沒文化是害怕朋友看不起他，其內心深處還是很希望對方認可他的。朋友理解了他的心思，巧妙地用「文憑」和「文化」的區別化解了他心中的這個疙瘩。

善解人意，善於尊重他人既是一種智慧也是一種道德素養。人的能力有大小，學歷有高低，但他們在人格上是平等的。每一個人都有受尊重的需要，滿足他人「受尊重」和「被理解」的需要，會讓周圍的人感到溫暖，也會讓原本怨恨自己的人改變態度。

【案例 45】一名護士在為一名被家長抱著的幼童扎針輸液時，因為一針扎進去沒有成功，孩子哭鬧不止。孩子的父親非常生氣，抬手對著護士就是一個耳光，護士的帽子當場被打飛。在大家都以為護士會大發雷霆、據理力爭的時候，這位白衣天使的一個小小的舉動感動了所有人。

她一言不發，甚至沒有撿回被打落的帽子，用棉簽死死地按住幼童腳上扎針的傷口，任憑兩位家長在一旁責罵。據瞭解，這名護士姓黃，是一名已從業 12 年的高年資護士。當事後被問起當時為何沒有還擊反而這樣做時，她表示作為一名醫護人員，這已經完全是下意識的動作了。給孩子扎針失敗她也覺得對不起孩子，當時的她只想著讓孩子不要再受到二次傷害。最終，涉事家長寫下了道歉信，此事和平化解。

（三）樂商是創造愉悅氛圍、一言一行都讓人感到舒服的能力

一位從事獵頭工作多年的 HR 在工作中發現，談話讓別人舒服的程度，決定了一個人成功的高度。越是高薪的職場成功人士在與其交往中他會越讓人感覺到舒服，越是低層次的人越難以溝通。

這是因為人際交往有一條基本規則：你怎樣待人，別人也怎樣待你。你關懷別人，對別人體貼、周到、真誠、正派、尊重、得體，別人通常也會反過來如此待你。高薪者之所以能上得去，是因為他們在工作中能設身處地地為他人著想，做事情盡量地讓周圍的人感到舒服。這樣他就會具有較強的人際吸引力。久而久之，便為自己創造了一種有助於持續發展的良好的人際關係環境，擁有了一個人可以依賴的最重要的外在資源之一：人脈。

在經濟領域，一個人生意上的成功與他待人真誠周到，讓每一個與他打交道的人都感到舒服是分不開的。待人周到體貼這種肉眼看不到的親和能力正是一種軟實力。正因為如此，很多人都願意和這種人做生意。

【案例 46】學院組織 CEO 班的學員與知名企業家見面交流，會面地點安排在長江大廈頂樓。學員們都以為這次會面也會像以前被上級接見一樣，大家提前到達耐心等待許久，「大老板」才姍姍來遲。可是結果卻出乎他們意料。一位學員回憶：

電梯一開，長江頂樓，70 多歲的大哥站在那裡跟我們一個一個地握手，這樣的開場讓學員們非常感動。

接著又發生了好幾件讓人感到溫暖體貼的事情。

一是為了避免排座位的尷尬，大哥事先安排與會者抓鬮拿號，按號確定每個人吃飯、照相的位置；二是為了讓每個與會者都有機會與他面對面交流，大哥特意讓人在每張桌子上都多放了一副碗筷。

一個小時的晚宴，他作為主陪在每個桌子都坐了 15 分鐘。所有與會者都不會因為沒有搶到大哥主陪的座位而感到遺憾。這是何等的周到，何等的體貼入微！

的確，一個人言行讓人舒服的程度決定著其成功的高度。不僅如此，一個人言行讓人舒服的程度還決定著一個人幸福的程度。這類人一般事業成功、家庭幸福。因為他們習慣於站在他人的角度思考問題，善於尊重他人的才華和能力，同時又能諒解別人的缺點和個性，會讓人覺得和他在一起很舒服。家人喜歡他，則他家庭和睦；同事和客戶喜歡他，則他事業順利；領導喜歡他，則易得到升遷的機會等。這樣一個處處招人喜歡的人，受人尊重的願望和自我實現的願望能得到充分的滿足，其幸福感當然「爆棚」。

生活中總會有各種小小的意外打破原有的和諧，很多時候這種和諧環境需要人力來調節。在這種情況下，當事人的「樂商」和道德品質決定了事件的發展方向。善解人意、願意為他人著想的人總會在當時的場景中發現有趣的溝通內容，善於調動人的積極情緒，在人際交往中創造出愉悅的溝通氛圍，從而輕鬆地化解矛盾，避免了口角或相互攻擊。

【案例 47】一輛疾馳而擁擠的巴士突然急煞車，一位男士不慎撞在了一位年輕女士的身上。該女士認為這個男士在揩她的「油」，鄙視道：「什麼德性！」罵聲引來眾多好奇的目光，場面很尷尬。沒想到該男士面對女子的誤解一點也沒生氣，而是假裝一本正經地糾正道：「對不起，小姐，這不是什麼德性，是慣性！」全車乘客包括這位女士都忍俊不禁，於是人人釋然。

這位機智的公交男乘客用幽默化解了年輕女士對他的誤會，巧妙地為自己「伸了冤」，又沒讓那位女士感到尷尬，不得讓人對他的睿智和善解人意感到佩服。應該說，這位先生就屬於樂商比較高的人。他懂得用幽默或自嘲來娛樂大家、化解矛盾，讓人從表面的滑稽中看到他的善解人意和智慧，從而發出由衷的微笑。

（四）樂商是理性和信仰鑄就的抗挫折能力

樂商是一種把變壞事為好事、化挫折為機遇、化腐朽為神奇的能力。當你在生活中能夠把困境當作常態，樂觀地看待你所遇到的挫折時，你就具備了化腐朽為神奇的能力。人們常說「上帝關閉一扇門的同時也為你打開一扇窗」，關鍵是「關門」和「開窗」並不是「同時」的。只有堅持到底的人才能看到「上帝打開的那扇窗」。樂商的作用在於用理性和信仰幫助你堅持到看到光明的時刻。

浙江師範大學任俊教授認為,「從本質上說,樂商不僅僅指一個人樂觀水準的高低,它還指個體從所經歷的消極事件中讀出積極以及影響、幫助、感染他人變樂觀的能力。從心理學研究來看,樂商越高,人的生活就越幸福,取得的事業成就也越大,如愛情更穩固、收入更好、社會地位更高、生命更長、工作績效更優良等。從一定程度上說,那些已經由智商和生存環境所決定的命運也許只有通過樂商才能做出改變。」[17]

所謂「從所經歷的消極事件中讀出積極的意義」實際上是一種理性的分析和信仰的力量,即相信「上天自有公平,付出自有回報」。

【案例 48】「橙王」褚時健,曾經是玉溪卷菸廠廠長,人稱「菸王」。他曾用 18 年光陰的拼搏,一手將這間地方小廠打造成亞洲第一菸草企業,成長為每年利稅數百億元的大型集團。當年那個地方普通人的工資只有幾百元,而他們廠一個普通職工的工資就有四五千元。①

然而天有不測風雲。1995 年 2 月,一封匿名檢舉信指控玉溪卷菸廠廠長褚時健貪污受賄。緊接著他的女兒因此事受牽連而遭逮捕,並在獄中自殺。這一年的中秋節,已經 67 歲的褚時健身陷囹圄痛失愛女,一個人蜷縮在辦公室的沙發上蓋著一條毯子,悲涼至極。緊接著他被判無期徒刑。

這次受挫不可謂不是他這一生中摔得最痛跌得最慘的一跤。許多人既為他惋惜,也認為他這輩子完了。但是,出人意料的是,這位老人並沒有垮掉。2002 年他因為嚴重的糖尿病獲批保外就醫,回到家中居住養病。誰也沒有想到,這位 75 歲的老人在保外就醫期間承包了 2,400 畝的荒山,開種果園,奇跡般地在那個當地的村民都說是「鳥不拉屎」的地方種出了最甜美的冰糖臍橙。

如今,89 歲的褚時健成功地完成了從「菸王」變身「橙王」的轉型,被譽為最勵志的「終身創業」典範。

---

① 搜狐/文化/糖王、菸王到橙王 http://www.sohu.com/a/203512036_99962757。

看了這篇報導，不由地讓人想起一句古話「是金子總是要發光的!」正如巴頓將軍所說，衡量一個人成功的標志，不是看他登到頂峰的高度，而是看他跌到低谷的反彈力。這個已過 80 歲的老人，面對人生的滄桑，他懊惱過、痛苦過，但流過淚後，擦干淚水，又一次點燃希望之火，用心過日子，將自己的日子過得紅紅火火，還給周圍的人帶來幸福和快樂。

褚老用積極的心態對挫折做出新的解讀——雖然說保外就醫者行動受限制，但也逼迫自己另謀生路。在這種情況下，利用荒山種果樹是一種兩全其美的選擇。褚時健利用自己以前的管理經驗，通過讓農戶直接受益的辦法管理果園，很快贏得了當地村民的信任。以前褚時健管理菸廠的時候，想到菸廠上班的人擠破頭；現在他管理果園，想在果園干活的人也擠破頭。

這個案例告訴我們，凡事均有兩個方面，「好」與「壞」是一對矛盾，矛盾著的兩方面會相互轉化。人在遇到挫折和失敗時，那種痛苦的體驗很容易激發全身的潛能，使人做出以前不願意冒風險吃苦去做的事情，從而使人獲得更大的成功。能否從逆境中崛起，取決於人的樂商。樂商能激發每個人自身所固有的某些實際的或潛在的積極品質和積極力量，從而使每個人都走向屬於自己的幸福彼岸。

下面，我們再看一個「絕症姑娘活成芭比娃娃」的真實案例。

【案例 49】這個姑娘叫 Amber，長著一張天使般的臉。可惜她 18 歲的時候被確診得了肌肉萎縮症。這種病無藥可治，她必須像玩偶一樣被人抱起，然後坐在椅子上。因為生病，她也沒有辦法吞咽食物，導致她身形越來越嬌小，越來越像芭比……有人因此把她叫作「真人芭比」。但 Amber 並不排斥別人叫她真人芭比，「這就是我最真實的生活狀態！成為芭比救了我的生命！」

醫生說，很多人都因為得了肌肉萎縮症變得精神抑鬱，但是 Amber 倒因為「真人芭比」這個稱號重燃了生活希望……她很享受這個稱號，每天都把自己打扮成芭比娃娃的樣子，為人們帶去歡笑，很討人喜歡。Amber 的故事告訴我們，絕症只能摧毀人的肉體，而人這種智慧生物的精神是堅不可摧的。Amber 在身患絕症後找到了自己生存的價值，讓自己不完美的人生變成有意義。

（五）樂商與多種社會角色的價值認同

生活在激烈競爭的環境中，幾乎每個人都有力不從心的時候。這是因為我們每個人都擔當了多重社會角色，並履行這些角色的責任和義務。

比如一個帶學生上晚自習的老師晚上就沒有時間陪自己的孩子。這時，班主任的角色或許扮演成功了，但其母親的角色卻扮演得不好，這讓她會對自己的孩子感到內疚。

教師
母親
女兒
妻子
我想做一個好母親、好老師、好妻子⋯.
可是時間呢!

人的時間有限、精力有限，要處理好這些矛盾，把這些角色都扮演好是非常不容易的。正因為如此，我們把樂商定義為成功地扮演好多種社會角色的能力。

首先我們需要瞭解每個社會角色的扮演要求。如同演員需要吃透劇本一樣，要扮演好社會角色也要吃透「角色劇本」，這個「劇本」就是角色規範。社會角色是由人的社會位置決定的權利和義務的集合體，是關於人們在特定類型的關係中應當如何行動的一套規則。類似於腳本規定了演員的表演方式，角色規範也規定了人的行為模式。每一個角色都有其特定的角色義務和角色規範。凡是符合角色規範要求的被視為合格的群體成員，不符合角色規範要求被視為不合格的群體成員。比如關於「好學生」「好母親」都有其特定的規範。

由於每個國家的文化傳統不同，關於某一角色的規範也就不同。如「母親」這一角色，中國和西方國家對於這一角色扮演者的要求是不同的，因此，中國人眼中的好媽媽與西方人眼中的好媽媽是不一樣的。西方母親不必每天陪著孩子睡覺，可以不喂 1 歲以上的嬰幼兒吃飯，但她們不能讓未成年的孩子單獨待在某個地方。「鑰匙學童」[①] 在 20 世紀 70 年代以前的中國是司空見慣的，在西方卻被視為違法會被追究責任。

① 指脖子上經常掛著鑰匙的兒童，多指生活在城市，因父母工作學習原因而被留守在家的兒童。

關於「好媽媽」標準的文化差異			
標準A	為孩子規劃美好的未來	標準B	選擇未來是孩子的自由
	盡量給孩子更多的幫助		培養孩子的獨立自主能力
	孩子不易多拋頭露面		培養孩子的社交能力
	家長盡全力供養孩子讀書		鼓勵孩子勤工儉學完成學業

除了社會文化決定的角色規範，每個角色扮演者（媽媽）對角色的識別和角色定位也影響著扮演過程。

每個人對角色規範的識別水準不同，角色定位就不同，其扮演的方式也會有很大的區別。最後是社會對扮演者表現的評價——你是不是一個好媽媽。評價者包括家人、鄰居、社區等。他們會用一般的社會標準衡量她，說她是個好媽媽、合格的媽媽或者是個不合格的媽媽。

一般情況下，扮演者會根據這些評價調整自己的行為，力求達到社會認可的好媽媽的標準。但是，由於每一個人都在社會中扮演著多重角色，這些角色有時還會發生衝突，因此為避免顧此失彼，人們總是要不斷地協調各種社會角色，盡可能避免角色衝突。

【案例 50】一天晚上，朋友打電話向她的大學老師請教申報省級課題的事。老師說：「這事在電話裡也說不清楚，我這兒脫不開身，乾脆你到我家來吧。」

朋友放下電話去了老師家，於是她眼前出現了這樣一幅畫面：

老師正坐在小板凳上給她 80 歲的老母親洗腳按摩，2 歲的孫女用小手繞著她的脖子趴在她的背上不肯下來。老師一邊用眼睛盯著朋友手中的電腦屏幕和她討論課題申報計劃，一邊用手不停地在老太太腳底心上按摩著，還不時地晃動一下身體哄著背上的孩子。朋友佩服地說：「老師你太厲害了，居然一心三用，什麼都不耽誤！」老師說，不是什麼都沒耽誤，是三方都不能耽誤！如果老母親這邊耽誤了，老人家會不高興；孫女這邊耽誤了，小家伙會哭鬧；你這邊耽誤了，會影響工作。

在這個案例中，女兒、祖母和老師是三個不同的角色，三者的角色規範是不同的。為母親盡孝是女兒的義務；照顧好孩子是祖母的義務；做好工作是老師的義務。在同一時間裡，三個角色產生了衝突。

這類情況我們每一個人都會經常碰到。如果解決得好，把幾方面的要求都滿足了，就會感覺自己盡到了責任，有一種自我價值實現的快感。雖然有時的確很難協調，但是在多數情況下，還是可以想辦法協調的。這取決於你的態度。

比如上面那個例子，討論問題用眼睛和嘴巴就行了，手上的按摩和背上的孩子並不妨礙她們的討論。這樣做雖然辛苦一點，但是能讓自己的三重角色都扮演好，還是非常開心的。

態度取決於價值認同。如果你認同了你所有的角色的價值，你就有辦法協調出時間去陪母親、陪兒女。通常很多關於「先進典型」的報導都會突出某人為了事業顧不上家的「閃光點」。仔細探究會發現「所謂顧不上家」其實是因為主人公對事業的價值認同高於其對家庭價值的認同的緣故。在這方面，中西方文化差異很大，西方人更看重人的家庭觀念，所以美國總統競選時都要展示自己愛家、愛孩子的「天使特性」。

第三篇：

生活境遇與幸福力

「境遇」一詞從字面上解釋，泛指個體所處的特殊境況或具體經歷（遭遇）。由於每個人的家庭出身不同，先天生理條件和智力條件不同，其境遇自然不同。若從狹義上解釋，「境遇」也可以指個體的生活環境或具體生活場景，如工作環境、家庭環境、社交環境等。

幸福力是指人們獲得幸福的能力。人的幸福感是多方面的。工作、家庭和社會交往從不同的方面滿足了人的愛與被愛的需要、受尊重的需要和自我價值實現的需要。因此，能否在不同的境遇中體驗幸福與個體的樂商水準密切相關。

八、提升職場幸福力

（一）發掘上班的意義，把上班當作一種幸福

2014 年 1 月的中國好歌曲決賽中，一首充滿著濃重四川方言的《明天不上班》轟動現場。隨後這首歌受到萬千網友的熱烈追捧，迅速火遍微博、微信朋友圈和各大視頻網站，點擊量破百萬。不少網友紛紛表示，川話版的《明天不上班》以調侃的語調唱出了廣大上班族的心聲：「老子明天不上班，爽翻，巴適的板！……明天不上班，想咋懶我就咋懶；老子明天不上班，不用見客戶裝孫子；明天不上班，可以活出一點真實……」

這首被看作新一代白領減壓神曲的歌曲紅遍網絡也說明了現代職場壓力之大，職場生活帶給人們的價值感和幸福感越來越小。一方面，人們的內心有逃離這種「見客戶裝孫子」，不能「活出一點真實」的慾望；另一

方面，職場生活又是現代人生活的不可或缺的組成部分，無法逃離。在我們的周圍，除了少數人可以不上班，可以不受職場規則的約束外，大多數人（甚至包括老板自己）都不得不通過「上班」養活自己和家人。

問題在於，既然上班不可逃避，上班又占去了我們生活中的大部分時間，我們可不可以換一個思路——努力把上班變成一種幸福？職場幸福感是樂商極其重要的組成部分。一個人如果不能從上班的過程中獲得快樂，其幸福一定是殘缺的。因為 8 小時工作占據了人清醒時的大部分時間，如果在這 8 小時裡人都不快樂，其幸福感一定會大打折扣。那麼有沒有可能減少上班的焦慮，把上班當作一件幸福的事情呢？

答案是肯定的。早在 1956 年就有西方學者發現，造成個體與環境不協調並發生心理焦慮的主要原因不一定是外部環境，也可能是自我信念、價值取向等心理因素。美國心理學家 A. 埃利斯（Ellis. A）認為，「個體的社會適應性是建立在一定的『自我信念』基礎上的個人與所處社會環境的協調。當人們堅持某些不合理的信念或者發生價值觀偏差時，就會使自己處於不良情緒狀態中，並且產生嚴重的心理問題」[18]。

按照埃利斯的 ABC 理論，同一事件（比如上班）對於不同人的影響是不同的。誘發性事件只是引起不良情緒及行為反應的間接原因，其直接原因是信念，即人們對事件所持的信念、看法和解釋。

此處，A（activating e-vents）是指引起人的情緒的誘發性事件——工作；B（beliefs）是對於自己的工作有意義或者無意義的解釋；C（cose-quences）指人的情緒及行為反應——快樂或者痛苦。對於同樣的工作內

容，比如說做房產銷售面見客戶，優秀的銷售員會把這看作是創造業績、服務客戶的機會，會感到開心愉快。這種情緒會感染客戶，促成客戶下單。反之，如果把從事這份工作看作無奈之舉，則會感到自己很痛苦，不良情緒也會讓客戶感覺到而影響下單。拿不到訂單會進一步降低對業績的自信，讓自己感覺更痛苦。

著名美國心理學家 A. 班杜拉（A. Bandura）把個體對自己完成某一行為（比如銷售）的能力和前景所做的推測叫作自我效能感，認為人的行為受結果因素與先行因素的影響。「目標的意義、價值和可實現程度影響自我效能感，進而影響其努力程度和適應或改變環境的能力。」[19]

這是因為，勞動作為人的生存方式是事實性和價值性相統一的活動。由於對本職工作的意義認識不同，人們在同一職業勞動中獲得的自我價值感是不同的。在這裡，工作的意義不一定是「高大上」的口號。我們只需要把現在的工作（哪怕是沒多少技術性可言的流水線操作工）看作自己的「衣食父母」和「未來大事業」的基石，我們就可以讓自己安下心來努力工作。一旦安下心來努力鑽研技術，你就會發現 360 行，行行出狀元，你就會做出業績、得到賞識、獲得上升的空間和機會。

那些希望通過辛勤工作改善自己和家人生活的人總能夠從單調枯燥的勞動中發現自己的價值。這種積極的心理暗示有助於人克服困難，把壓力當作動力，督促自己更加努力地工作，以獲得更多的加薪晉級的機會。

人對工作的意義的評價可以形成一個良性循環：

（1）***積極信念***：認同自己工作的意義—促進自己努力工作—獲得賞識加薪晉級—獲得成功、感到幸福。

（2）***反饋***：成功的體驗和幸福感—更加認同自己工作的意義—更努力地工作—獲得更多的賞識和加薪晉級—更大的成功、幸福感……

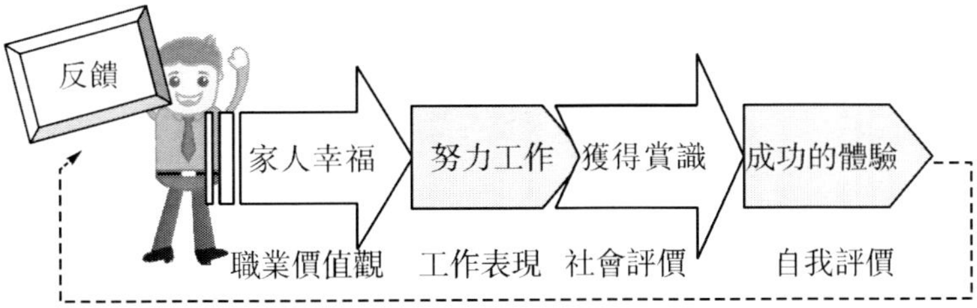

當人們賦予自己的工作以較高的社會價值時在工作上會非常努力，任勞任怨（工作表現），這種付出一般都能獲得回報，比如加薪晉級（社會評價的重要形式），個人則因自我價值獲得肯定感到快樂。個體對自己所從事的職業價值的認同感直接影響其工作態度、敬業精神和自我效能感，進而影響其薪酬水準、就業質量和職業發展空間。

所以，通過調整心態把上班變成一件幸福的事情是可以做到的。

把上班當作一件幸福的事，實際上是一種心態、一種境界。前面案例我們曾提到的那個出租車司機，當他停止抱怨天氣、停止抱怨擁堵，開始以善意對乘客微笑後，每天上班都成了一種享受。受到誇獎開心，客源充足開心，每天有很多理由讓他感覺到自己很幸福。因為他的開心和體貼入微，所以他的客源越來越多，以至於要坐他的車都要提前預約！

從理性思維的角度看，對於必須做的事情，為自己尋找「做」的動力和理由比逃避或唉聲嘆氣更有利。

（二）職業價值認同如何影響員工的上升階梯

一項關於中國某著名 OEM 企業流水線工人心理研究的報告表明：員工對自己所從事的職業價值的認同感直接影響到員工的工作態度、敬業精神和自我效能感，進而影響其薪酬水準、就業質量和職業發展空間。就業質量和職業發展空間不僅是員工維持一定的生活水準和生活質量的物質基礎，而且與其情感依戀水準和社會適應性密切相關。[20]

從該企業的激勵方式看，其核心領導團隊採用的是股權激勵方式，其收入會隨著企業利潤的增長而大幅增長；其中層幹部採用的是良好待遇+職能目標的激勵方式；而對於底層員工則採取的是嚴格管理和低承諾薪酬的方式。與上述人力資源管理架構對應的是自下而上的 20 級職位工資體系，如果員工能夠在底層工作崗位上堅持下來，其晉升的途徑還是比較暢通的。問題是，要從壓力巨大又收入偏低的底層崗位上升到中層需要 2~3 年的時間，要在這麼長的時間裡保持良好的工作狀態必須有對自己所從事的職業的價值認同，即認為自己所從事的工作是有價值的。

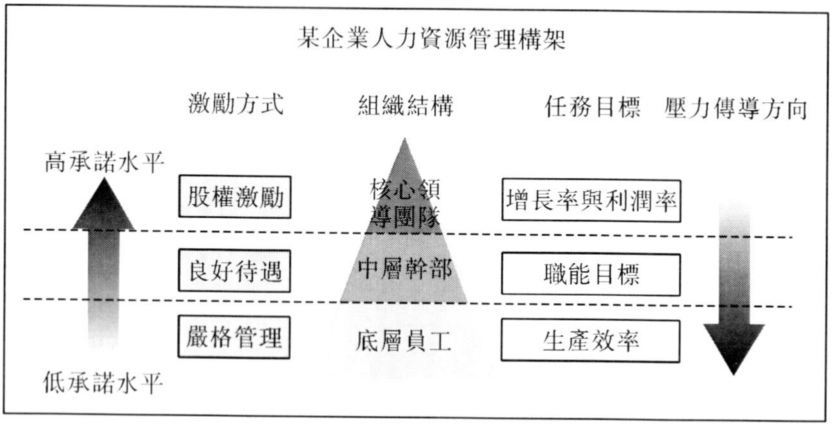

當一個人認同自己工作的價值時，他就會盡全力做好本職工作，就可能脫穎而出受到重用。課題組在調查中發現，員工的職業價值的認同度與其工作年限和職級成正比。在同樣的工作環境和薪酬水準下，那些工作年限較長（3 年以上）、職級較高（師 3 級以上）的員工對本職業的認同度普遍高於新員工，其主觀幸福感也高於新入職的員工。

目前中國許多企業的人力資源管理構架都與之相似。這對於求職者來說是一大考驗。除了極少數頂尖人才，大部分求職者都得從底層做起。認同自己所從事的職業的價值，哪怕是最底層的工作崗位，把它當作自己事業騰飛的起點，那麼你就是塊「金子」，是金子總是要發光的。

【案例 51】許多富豪的童年並不美好。比如 L 先生 14 歲時父親去世，他被迫離開了心愛的學校用稚嫩的肩膀毅然挑起了贍養母親、撫育弟妹的重擔。開始他在舅父的鐘表公司當泡茶掃地的小學徒，每天總是第一個到達公司，最後一個離開公司。

因不願長期寄人籬下，他 17 歲便到一家五金製造廠當推銷員，開始了香港人稱之為「行街仔」的推銷生涯。當今世界很多傑出的企業家都從事過推銷工作。推銷是一門十分複雜而且不容易學好的工作。最初，L 先生向客戶推銷產品之前，心情總是十分緊張。於是他就在出門前或者路上把要說的話想好，反覆練習，成功地克服了緊張的心理。漸漸地，他發現自己不僅推銷有術，而且大有潛力，很快他便成為公司的骨幹。

L 先生說，能做到這一步，是因為他比別人更努力。「我 17 歲就開始做批發的推銷員。人家做 8 個小時，我就做 16 個小時。」凡事都有規律可循，做熟悉了就能找到規律。漸漸地，L 先生發現自己憑著直覺就能看出客戶是什麼類型的人物，並且能馬上瞭解客戶的心理和性格，從而定好相應的推銷策略。

走南闖北的推銷生涯，不僅形成了 L 先生的商業頭腦，豐富了他的商業知識，而且也使他結識了很多好朋友，教會了他各種各樣的社會知識。他學會了寬厚待人、誠實處世的做人哲學，為他日後事業的發展，打下了良好的基礎。

（三）把職業當作事業，從事業中獲得價值感

如果我們能夠把職業當作事業，用拼事業的精神去從事某項職業，這樣我們不僅能成為那個行業的精英，而且能從中獲得巨大的樂趣。

事業與職業的最大區別在於，職業是一種謀生的手段，通常是指對勞動的分工。比如教師、廚師、工人、農民、工程師等都是不同的職業。職業生涯帶有某種強迫性，是人為了謀生而不得不為之的事情。事業則是使人的自我價值得以充分實現，人們心甘情願為其奮鬥一輩子，並且樂在其中的事情。事業能滿足人類最高層次的需求——社會認可和自我價值實現，因此，干事業的人多能達到不辭辛苦、廢寢忘食、不計報酬的忘我境界。在特定的環境下，職業本身就是一種事業。

爺爺，我願意爲人間美食奮鬥一生！
孩子，當一輩子厨子是没出息的！

事業PK職業

如漫畫中的孫兒，因為自幼喜歡美食，做美食是他的興趣愛好，他在鑽研美食的過程中體會到無窮無盡的樂趣。他製作的美食被很多顧客讚美，其自我價值得到充分實現。在他看來，製作美食就是一項高尚的事業，他願意為此窮其所有，奮鬥一生。而在爺爺看來，廚子是個伺候人的低賤職業，只能作為謀生的手段。

對於大多數人來說，職業還只是謀生的手段，因此，他們很難從自己的工作中體會到樂趣。他們每天按時上下班，按規定完成工作任務，但他並不認同自己職業的價值，只是按照職業的要求履行職責而已。雖然他們遵紀守法，但他們缺乏對工作的熱愛和熱情，因而很難在自己的工作崗位上實現自我價值，也很難從工作中獲得樂趣和自我實現感。

在古代漢語中，事業有功業、政業之意。如在《易經・坤》中有：「美在其中，而暢於四支，發於事業，美之至也。」孔穎達疏：「所營謂之事，事成謂之業」。另有元朝秦簡夫《趙禮讓肥》第四折：「男兒立事業，何用好容顏？銅刀安社稷，匹馬定江山」中事業指的是功業。在《荀子・君道》：「故明主有私人以金石珠玉，無私人以官職事業。」

按照古人的說法，事業是一種價值感非常崇高的功業，職業則不是。漢語中一般不會說某種職業偉大，但可以說「偉大的事業」。從事「偉大的事業」可以調動人內心深處的價值存在感和自豪感，激發人的創造性和活力。當我們把「職業」當作「事業」來做時，那種自我價值實現的快感會讓我們干勁倍增。

例如，馬雲的阿里巴巴之所以能夠成為改變中國人生活的互聯網企業，就是因為他一開始就把它當作一項偉大的事業來開拓。

1999 年 2 月 21 日，包括馬雲的妻子、同事、學生和朋友在內的「18 羅漢」自籌 50 萬元創建阿里巴巴。在臨時當作辦公室的小房子裡，馬雲掏出身上的錢往桌上一放，一揮手：「從現在起，我們要做一件偉大的事情。我們的 B2B 將為互聯網服務模式帶來一次革命！」

為了這個「偉大的事情」，這些創始人拿出了自己全部積蓄，每天工作 16~18 小時，困了就席地而臥，每月只拿 500 元生活費，10 個月內沒假期。當員工干得太辛苦時，馬雲就下廚為大家做幾道菜。為了這個事業，大家跟著馬雲「一路狂奔」，根本來不及想結果會怎樣。

這就是事業帶來的動力。事業成功帶來的價值感和成就感激勵著人們忘我地工作，奮不顧身地投入。而職業只是謀生的手段、賺錢的方式，對個體沒有那麼大的吸引力。如果我們的工作只是一種職業而不是一項事業的話，是很難讓人投入全部精力的。

當然這個世界上能夠成就偉業的畢竟只是極少數精英分子，作為蕓蕓眾生的普通百姓能不能把自己的職業做成事業呢！回答是肯定的。任何一種職業都可以做得更好。當你以一份事業心去對待職業時，你同樣可以從中獲得事業的滿足感。例如，當一個幼兒教師把職業當作事業時，她會在鑽研兒童心理學的過程中發現幼兒的思維習慣和語言習慣等，最終成為教育專家，受到認可和尊重。

當一個建築工人把職業當作事業時，他會努力發現砌磚的規律，找到合適的生產流程，做得又快又好……

只要我們用對待事業一樣的態度對待我們的工作，每個人都能在平凡的崗位上做出不平凡的業績。

（四）職業責任感為什麼能助你事業成功

當職業成了自己願意為之奮鬥的事業時，職業責任感和使命感就會油然而生。職業責任感是從業者對角色賦予的責任的領悟。每一個崗位都有一份責任。這個責任可能是「人命關天」的重大責任，比如手術室的麻醉師或者火車站調度員；也可能是微不足道的小責任，比如家政工作員。因此，選擇了工作就是選擇了責任。即使是像家政服務員這樣的工作也有一份責任，如做好保潔工作、瞭解雇主習慣和喜好、保證雇主家庭財產安全等。

也許有人會說，我不用心是因為這份報酬根本配不上我的付出。

真的是這樣嗎？在現代商品經濟中，職業責任與職業權利的對稱性已經依法寫入了勞動合同（工作時間、工作內容和報酬）。從業者一旦簽訂了勞動合同，就視為認同合同所規定的權利和義務。因此，從業者有獲得合理報酬的權利，同時也必須承擔相應的職業責任，完成所承諾的工作量。

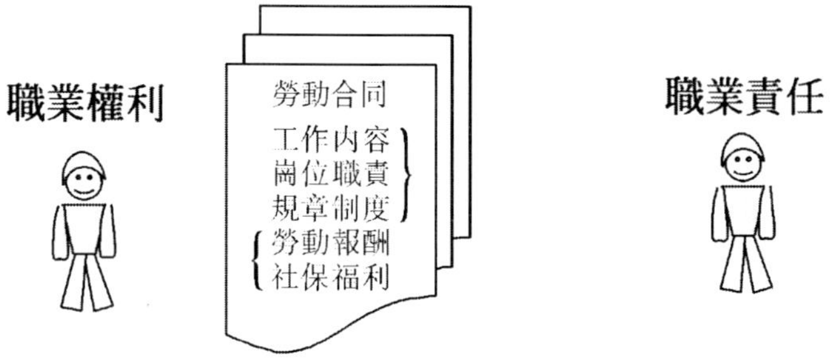

那麼，如果從業者不滿意現在的報酬應當怎麼辦？有兩種解決辦法：其一是和公司協商加薪，對於真正能為公司做出貢獻的員工，公司是願意加薪留人的；其二是重新找一份合適的工作，在當今社會，勞動者選擇的餘地是非常大的。如果對工作不滿意，另起爐灶是對公司負責，也是對自己負責。

【案例 52】曾有一位職業經理人講過一個關於職業責任感的故事。因為平時工作太忙，這位經理人在職介所請了一位家政工作人員幫他料理家務。有一天，工作人員的母親病了，需要請假一週。

他準了她的假，自己做好了過幾天髒亂差日子的思想準備。讓他完全沒有想到的是，走進家門，他發現房間已經被打掃得干乾淨淨，衣服也洗好、熨好掛在衣櫃裡了。最讓他吃驚的是廚房裡的垃圾筒上竟然層層疊疊地套了 7 個垃圾袋！這樣他每天只需下樓時順手把垃圾帶出去就可以了。

這位職業經理人感嘆，一個家政工作人員能想得這麼周到，太不簡單了。這樣瑣碎的家務勞動她都能精益求精，做到極致，這樣的員工無論哪家公司都會搶著要的。

職業責任感之所以能夠助你事業成功，是因為有責任感的員工更受企業歡迎。想一下，假如你是企業的 HR，你會喜歡做事馬虎、不負責任的員工嗎？如同父母們不會放心地把自己的孩子交給不負責任的保姆，他們寧可多花錢也要請口碑好的金牌保姆一樣，企業寧可高薪留下工作認真負責的骨幹員工，也不願低薪聘用有污跡的員工。特別是一些大型企業對員工的要求更加嚴格。

【案例 53】管理培訓中常常會提到一個精典的案例叫「牛津大學禮堂的橡樹」。故事是這樣的：1985 年，人們發現，牛津大學有著 350 年歷史的大禮堂出現了嚴重的安全問題。經檢查，大禮堂的 20 根橫梁已經風化腐朽，需要立刻更換。

這可不是一件簡單的事情！因為牛津大學禮堂的每一根橫梁都是由巨大的橡木制成的，而為了保持大禮堂 350 年來的歷史風貌，必須只能用橡木更換。在 1985 年那個年代，要找到 20 棵巨大的橡樹已經不容易，或者有可能找到，但每一根橡木也許將花費 25 萬美元。這令牛津大學一籌莫展。

這時，校園園藝所來報告，350 年前大禮堂的建築師早已考慮到後人會面臨的困境，當年就請園藝工人在學校的土地上種植了一大批橡樹，如今，每一棵橡樹的尺寸都已遠遠超過了橫梁的需要。這真是一個讓人肅然起敬的消息！一名建築師350年前就這麼用心和有遠見。建築師的墓園早已荒蕪，但建築師的職責還沒有結束。也許，我們現在連這位建築師的名字都不一定知道了。可是，他以自己的行動證明，有一種力量會持續不斷。這種力量，就叫責任。一個沒有責任心的人是不可能有遠見的。因為，他可能連當下的本職工作都干不好，哪裡還會想到以後的事情呢？

從心理學的角度看，人的潛能是非常大的，高度的責任感能讓從業者的潛能發揮到極致。如同前面說到的那位負責的家政工作人員，她完成了許多不在她職責範圍內的工作；同時，有責任感的人不會為自己的失誤找理由開脫，因此他就可以避開許多人都可能出現的失誤，少出安全事故或質量事故。因此，有責任感的員工特別受歡迎。

（五）怎樣把職場變為實現人生價值的舞臺？

職場的成功是人生幸福的重要組成部分。因為我們一輩子的時間約有50%是在職場度過的，我們一生中生命力最活躍的時間80%是在職場度過的，所以，職場理應成為我們實現人生價值的舞臺。那麼，我們應當怎樣做，才能在這個舞臺上演出我們一生中最精彩的節目，然後在年老退休時自豪地對自己說，我的職業生涯非常圓滿呢。

要想自己的職業生涯非常圓滿，首先要瞭解自己在世界關係體系中的位置。個人的所有需求都必須從社會福利中獲得，同時個人也必須對社會有所貢獻。個人與社會之間的這種相互需求關係實際上是一種價值關係。價值這個概念所肯定的內容，是指客體的存在、作用以及他們的變化對於一定主體需要及其發展的某種適合、接近或一致。[①] 在價值關係中，需求者為價值主體，用以滿足主體需求的對象叫作客體。有價值表明客體具有滿足主體需要的效用。

① 李德順. 價值論［M］. 北京：中國人民大學出版社，1987.

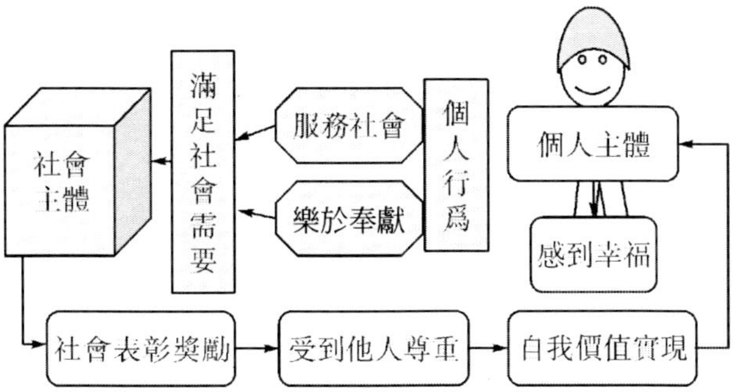

在人與社會的關係中，二者互為主客體。一方面，社會作為主體，需要個人做出貢獻以滿足其需要；另一方面，個人作為主體，需要得到社會的認可——表彰或者獎勵（包括物質的獎勵和精神的獎勵）；同時需要社會提供的資源滿足其對衣食住行、榮譽地位、愛情友情等的需要。

在個人的職業生涯中，個人與公司互為主客體。一方面公司為主體，個人所做貢獻滿足了公司發展的需求；另一方面個人為主體，公司的獎勵又反過來滿足了個人受尊重的需要和自我實現的需要。在員工和公司的關係中，員工的價值取決於他能否滿足價值主體（公司）的需要。員工給公司做的貢獻越多，越能滿足公司發展的需要，越能得到賞識和重用。

【案例 54】一個多年從事大型企業人事管理工作的 HR 發現，處於公司中上層的員工更津津樂道自己給公司做了什麼貢獻；處於底層的員工更斤斤計較報酬的多少。這不光是因為前者比後者的收入高，而且還因為前者比後者更願意做事。這名 HR 說，他每到一個公司，只要聽一下員工對公司的見解，大體就會知道他的上升空間會有多大。因為沒有一個老板會喜歡一個整天在他面前抱怨、做一點事都要斤斤計較的人。

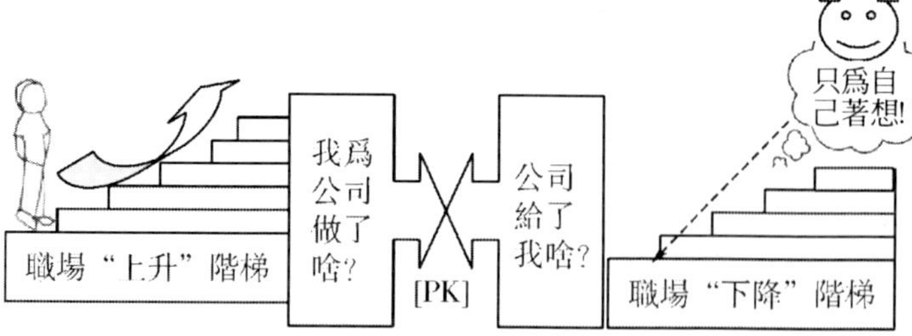

因此，一個想在職場實現自我價值的人首先應當是一個樂於奉獻的人。他（她）必須時刻考慮「我能為公司做什麼」，而不是時刻想著「我能從公司得到多少」。無論這是一家什麼樣的公司，無論老板是什麼樣的人，他都需要「拼命」的人。這個世界在任何時候都需要樂於奉獻的人。馬雲在談到阿里巴巴的成功時說過，其他互聯網企業為什麼沒有阿里做得那麼大，因為他們沒有「18 羅漢」死命地撐著；老板的演說只是說了，沒有像阿里巴巴這樣一幫人在實實在在地做，從而把偉大的想法變成現實。

其次，一個想在職場獲得成功的人必須踏踏實實地從小事做起。也就是說「欲成大事，先做小事」。實際上，工作中無小事。一座大廈是由一磚一瓦建成的，一個精密的儀器是由一釘一卯制成的。偉大始於平凡，大的利益源於許多小的付出，真可謂「不是不回報，只是時候未到」。

【案例 55】胡寶林在《細節決定成敗》中舉了一個例子，講的是一個速記員因為放棄看球賽而獲得賞識重用的故事。那天晚上，艾倫所有的同事都去看球賽了，艾倫正準備下班，一位律師找到他說有點緊急工作需要他幫忙。艾倫放棄了看球賽而認真地幫助律師完成了工作。誰能想到，那個律師後來高薪聘用了艾倫。因為一個願意為工作放棄心愛的球賽的人一定是一個事業心強的人、一個負責的人。

最後，認識平臺的重要性。懂得「天時、地利、人和」的道理，避免盲目驕傲，忘乎所以。有才能的人容易驕傲自滿，其中一個重要原因是沒有分清楚目前的業績主要是平臺帶給你的業績，還是你自己聰明才智的結果。俗話說成事需要「天時、地利、人和」，也就是說成事需要條件。沒有這些前提條件單憑個人的努力也很難成功。

【案例 56】朋友在一個網絡公司做業務經理。因為頭腦活絡又肯努力，做了很多「團單」（團體銷售），業績非常好。這時他的一個下屬想拉他出去單干，說你這麼有能力為什麼還要給老板打工呢！朋友回答，我不是不想當老板，是我目前還不具備當老板的條件。目前的業績都是依靠平臺取得的，不是我一個人的功勞。離開公司這個平臺我就什麼也不是。

如果我們能夠有這樣的自知之明，在自己創業條件不成熟時踏踏實實地打好一份工，勤奮工作，不怨天尤人，我們就能在最平凡的崗位上做出不平凡的業績，把職場變成實現人生價值的舞臺。

九、提升私生活幸福力

（一）如何理解私生活的公共性

由於人的社會性，每個人的私生活或者私人生活都會與社會發生千絲萬縷的聯繫。因此，提高私生活的幸福力必須瞭解私生活的公共性。

私生活，又稱為個人生活，是指主要涉及個人行為、不屬於社會活動範圍的生活。私生活是個人的私屬空間，具有無公開義務的私密性，因此，私生活又稱為私人生活領域。私生活與職業生活相對時，又被稱為「8 小時以外」的生活。廣義地講，職場 8 小時以外的生活都是私生活；狹義地講，私生活一般指不宜向外界公開的情感生活。

從時間上看，私生活占據了我們人生的大部分時間，除去學齡前時間和退休後的時間，即使是工作時期，每天的八小時以外以及週末節假日時間加起來差不多占據了人生的 2/3。因此，私生活幸福力關係到人的生活質量。

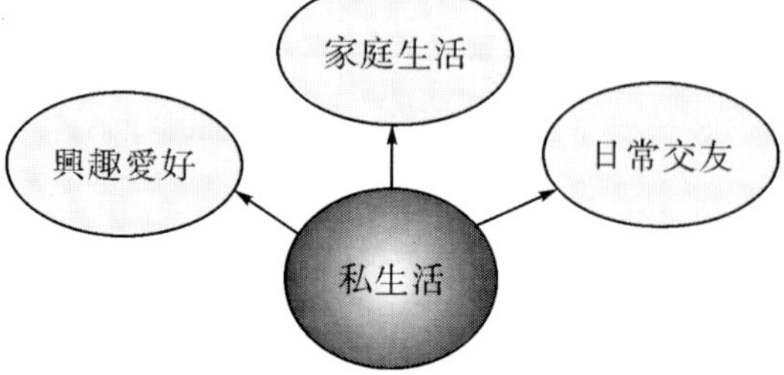

私生活的自主權是個人最根本的權利，也是人格尊嚴的最後屏障。一個缺乏權利意識的人可能會對有無選舉權無動於衷，但是其維護私生活的自主權的意識卻是與生俱來的。如果你拿走他的財產，奪取他的妻兒，他一定會奮力反抗。因此，對公民私生活權利的保護也成了各國法律的重要內容。

《中華人民共和國憲法》第三十八條規定，中華人民共和國公民的人格尊嚴不受侵犯。人格尊嚴包括名譽、姓名、肖像、隱私等要素。《中華人民共和國刑法》第二百四十五條規定，非法搜查他人身體、住宅，或者非法侵入他人住宅的，處三年以下有期徒刑或者拘役。《中華人民共和國刑法》第二百五十二條規定，侵犯公民通訊自由，情節嚴重的，處一年以下有期徒刑或者拘役。

法國民法典第九條明確規定，任何人都享有其私生活受到尊重的權利。

所有這些法律條款都是為了保證公民在私生活領域擁有完全的自由。

這裡需要厘清一個概念，私生活≠與社會無關的生活。

有人以為，既然是我的私生活領域，則任何人不得干涉我的所為。例如，有人打罵孩子，虐待老人，對妻子實行家暴，還美其名曰：這是我的家事！這是典型的混淆概念。所謂私生活的權利，是指公民生活信息的私密性受保護以及在遵紀守法的前提下不受干擾地生活的權利。如果公民在私生活領域違反了法律，如《中華人民共和國未成年人保護法》《婦女兒童權益保護法》《中華人民共和國老年人權益保障法》等法律法規，一樣要受到處罰。

從這個意義上說，沒有絕對意義上的私生活。只要與人交往，就不存在完全個人意義上的私生活。例如，當自己的孩子犯錯時，不少家長都愛用打罵的方式來教育孩子。總覺得，我自己的孩子，想怎麼管教別人管不著。殊不知，孩子也是一個獨立的個體，這不僅不能幫助孩子成長，反而會激起孩子的負面情緒，甚至會摧殘孩子的身心。不僅如此，還可能違反了《中華人民共和國未成年人保護法》。

《中華人民共和國未成年人保護法》第十條規定，禁止對未成年人施行家庭暴力，禁止虐待、遺棄未成年人等。雖然每個父母都有自由選擇教育方式的權利，但這種自由必須限制在法律允許的範圍內。

在我們的日常生活中，很多表面上很私人的事情都有其公共性，最典型的例子是性生活。很多人以為，性生活完全是私人的事情。甚至有學者提出「人有沒有權利自由支配自己的身體」的問題。

人有自由支配 自己身體的權利嗎?

一般人都會認為，身體是我的，我當然可以自由支配。

問題在於，這種自主地支配自己身體的行為也必須限定在法律和道德允許的範圍內。實際上我們對自己身體的支配權僅限於飲食、穿著、睡眠等不涉及他人的方面。你可以讓自己「瘦成一道閃電」，也可以讓自己胖成肥哥肥姐，只要不影響家人的情緒，那都是你的自由。

性生活則不同，人的社會屬性決定了個人的性需求的滿足不可能是完全私人的事情。除了自慰，大多數性行為必須涉及他人。一旦涉及他人，就意味著道德、責任和義務。如奸污少女可能會毀掉這個女孩的一生，婚外戀可能會使幾個家庭破裂、孩子無辜受累。因此，社會必須用規範來約束人的性行為，將其限定在合理性的範圍內。

每個人都希望有按自己的意願支配自己身體的自由，但這種自由只能是一種相對的自由。在現實生活中，人在自己身體方面的權利從來都不是絕對的。例如，在公共場合摟抱接吻的戀人會受到路人的鄙視，裸奔者會被治安管理人員阻攔，婚外性關係可能會引發官司。人在自己身體方面的權利所受的限制大多數是道德上或者習俗上的，但是一些嚴重危害社會、危害他人的性行為也會受到法律的限制。

因為私生活的公共性，我們在私生活領域也必須遵守規則，如夫妻相互忠誠、互敬互愛、孝敬老人、愛護孩子等。遵守規則的人必定會從規則中受益，而破壞規則者也會受到輿論的譴責。

因此，提升私生活幸福力的前提是學會守法和忠誠。

（二）為什麼說忠誠是家庭幸福的第一要素

許多年輕人對於我們把忠誠放在影響家庭幸福的首要位置上大惑不解。因為他們覺得兩個人是因為愛情組合家庭，家庭幸福的首要因素應當是愛情。的確，在一般情況下（排除買賣婚姻和出於政治目的或商業目的的聯姻），兩個人相愛是結婚的必要條件。但是結婚以後，維護家庭穩定、給家庭成員基本的安全感的第一要素不是愛情，而是忠誠以及由忠誠理念延伸出的家庭責任感和羞恥心。因為，情感可能是會變的，不穩定的。不論兩人當初愛得有多深，在相處久了以後總會出現這樣或那樣的問題，如夫妻因瑣事吵架生摩擦、「小三」插足、一方外遇等。如果不考慮忠誠而把感情放在維繫家庭幸福的第一位，那麼這種婚姻是極具危險性的。

為什麼要求夫妻相互忠誠？這是由性愛的排他性決定的。性愛的排他性是界定性行為正當與否的前提。這種排他性產生於社會倫理規範和法律規範對人的性行為的限制——一夫一妻制。

一夫一妻制決定相互忠誠的義務

結婚證既是權利的象徵，也是義務的憑證。在現代社會，當兩個相愛的人通過法定的程序締結了婚姻關係時，依照婚姻法的規定，就相互具有了獨占對方身體的權利。而對於伴侶精神資源（愛戀）的獨占則是一種道德權利。按現行道德規範，已婚者愛上其他人是不道德的。哪怕是沒有發生實際的性行為，這種精神出軌也會受到輿論的譴責。①

為什麼原始社會沒有性禁忌，封建社會的男人可以多妻呢？這是因為原始社會沒有性禁忌，每一男人屬於每一個女人，每一個女人也屬於每一個男人。所以，原始人的性行為也就無所謂正當不正當的問題。在封建社會，性禁忌只是針對婦女的，每一個女人只能屬於一個男人，但男人不必只屬於一個女人。因此，封建社會男子的性行為不存在正當不正當的問題，而婦女的性行為就有正當與否的問題。在實行一夫一妻制的現代社會中，每一個女人只能屬於一個特定的男人，每一個男人也只能屬於一個特定的女人，因此，所有人的性行為都存在正當與否的問題。夫妻忠誠義務是一夫一妻制度的具體表現。一夫一妻制規定人的性要求必須通過合法婚

① 胡曉萍. 價值與倫理——關於性和諧的本體論研究［M］. 成都：西南財經大學出版社，2007.

姻得到滿足，任何人與配偶以外的人發生性關係即是對一夫一妻制的違反。

受一夫一妻制的限制，性愛具有排他性，他（或她）會因為結婚的制約而失去另尋伴侶的機會。他（或她）為對方付出了機會成本，就有獲得補償的權利，這種權利就是要求對方情感「專一」的權利。這種對於他（或她）是權利的東西在對方就是一種義務，即對他（或她）的愛情和身體負責的義務。也就是說，婚戀關係中的義務是以情感付出的形式來實現的。[①]

婚姻的穩定和家庭的和睦與夫妻是否相互忠誠密切相關。當婚姻關係中的一方發生婚外情時，另一方遭遇背叛，其內心是極其痛苦的。因為他（她）已經將自己的全部情感投射給了另一方，對方應當向其提供與其付出相等的情感。但是，婚外情破壞了性愛資源的獨占性，他（她）的付出不可能獲得相應的回報。在這種情況下，暴發家庭戰爭是不可避免的。

我們把忠誠看作家庭幸福的第一要素是因為，家是給人安全感的地方，人們把家當作「心靈的港灣」。這個「港灣」是個極其私密的聖潔之地，是絕不允許外人侵犯的。而婚外性關係打亂了這個「心靈的港灣」的秩序，讓它失去了往日的安寧、失去了安全感，人們又如何能感受到家庭的幸福呢！

據海南省婦女聯合會不完全統計，自 2002 年以來，全省婦女聯合會系統接訪中反應有家庭暴力的案件占婦聯繫統接訪婚姻家庭類信訪量的 30%。據分析，家庭暴力產生的主要原因是配偶有婚外情或與第三者非法同居。

【案例 57】張某與妻子李某婚後感情一直較好，夫妻倆開了一家藥店，建造起了一幢價值 30 多萬元的樓房，兩個女兒已上中學。這個本來很幸福的家庭卻因為張某和看店的姑娘有了曖昧關係而發生家庭暴力。因為婚外情，張某對妻子沒了耐心，冷落妻子，對她不聞不問、不理不睬，

① 胡曉萍. 價值與倫理——關於性和諧的本體論研究 [M]. 成都：西南財經大學出版社，2007.

採取冷暴力行為來折磨妻子。其妻因受不了冷落曾經服毒自殺過一次，後因發現及時，搶救後脫離危險。張某不但沒有回心轉意，反而採取侮辱、謾罵、恐嚇等手段摧殘其意志力，致使其妻得了精神分裂症。

在這個案例中，張某為享受「支配自己身體的自由」，卻讓妻子因此受到傷害。這在法律上和道德上都是不允許的。性愛資源的獨占性是婚姻法中權利與義務的根據。一個人與另一個人結婚，就意味著把自己的情感和身體托付給了另一個人，對方也就自然而然地佔有他（或她）的性愛資源。處於婚姻狀態下的雙方實際上都投入了自己精神上的和物質上的資源用於交換。人們總是希望自己的付出能夠得到對等的回報。雖然完全對等存在著操作上的困難，但人們至少可以要求法律上的或道義上的對等權利。

（三）不受法律保護的「愛情」為何難以幸福

在某綜藝節目中，一對戀人在場上「秀恩愛」。按正常的程序設計，高潮應當出現在男友向其女友求婚的場景中。沒想到觀眾期待的獻花求婚儀式沒有出現！

其男友非但不求婚，竟然當著女友和觀眾的面說「目前還沒有結婚的打算」！他對這個決定的解釋還振振有詞：「愛是靠感情維繫的，婚姻拴不住男人」。那個沉浸在愛情中的女士還含著熱淚點頭稱「是這樣」。

問題是，愛情中有無那張「紙」真的一樣嗎？

沒有那張「紙」限制的愛情真的更純潔更幸福嗎？

答案是否定的。沒有婚姻做保障的愛情對於兩性關係中的弱勢方危害非常大。因為，如果沒有領證就沒有法律保障的財產權，出軌方就沒有財產被分割的風險，這在很大程度上降低了離婚成本，使得強勢的一方可以在任何時候提出分手，而弱勢方卻拿不出任何有效的自我保護手段。正因為如此，處於這種「愛情長跑」中的弱勢方會極度缺乏安全感且非常敏感，而過度敏感又很容易引起對方反感，導致「愛情長跑」無疾而終。

幸福感是一種建立在安全感基礎上的高級情感。如果整天擔心對方背叛又缺乏制約對方的法律手段和道德手段，怎麼可能有幸福感？這一點，身處婚姻「第三者」地位者體會得最為真切。

許多不幸淪為「插足者」的人都曾信誓旦旦地表示不破壞對方家庭，自己不需要婚姻，只要有「愛情」就足夠了。但是這種信念維持不了多久他（她）就會後悔，會覺得委屈。這是因為，受法律的和道德的制約，婚姻中的「第三者」在兩性關係中處於極其不利的地位。

一方面她（他）要面對巨大的輿論壓力，另一方面還必須履行同居關係中單方面的責任和義務。這對於「第三者」來說是不公平的。因為對方獨占了其性愛資源，而她（他）卻無法獨占對方的性愛資源，其心理是不平衡的。假如「第三者」比較強勢，一般都會要求對方離婚再娶（再嫁）來補償自己的單方面付出。但是受制於一夫一妻制，對方只有逼迫原配離婚，解除原有的責任義務後才能滿足「第三者」對精神補償和物質補償的要求。由於出軌過錯方不僅需要承擔原配偶的精神損失費、子女的養育費等，還要承擔財產分割等風險。這使得出軌者在離婚問題上不得不三思而行。所以，「第三者」的願望很難實現，其權利無法伸張。

有了那張「紙」，情況就不同了。出軌方的離婚成本會高出許多，會多出很多風險，比如財產分割的風險，世人指責「陳世美」的風險等。出於趨利避害的動物本能，雙方都不會輕言離婚。這使得已婚夫婦分手的概率大大地小於處於「愛情長跑」中的男女戀人或婚外情。

婚姻法規定的性愛資源的獨占性使得領取了結婚證的配偶享有受法律保護的權利和義務。雖然夫妻權利、義務完全對等在實際操作上還難以實現，但是處於婚姻法保護下的個體至少可以要求法律上的或道義上的對等權利。不僅如此，他（她）還可以站在道德的制高點上借助社會輿論譴責對方，讓對方因背負不道德的罵名而遭受良心的譴責。而遊離於法律之外的受害方則處於法律劣勢，指責負心者也沒有那麼理直氣壯。

私生活特別是兩性生活的幸福感是建立在安全感的基礎上的。按照馬斯洛的需求層次論，人只有具備了安全感才談得上自尊和自我價值的實現，人有了自尊和自我價值的實現，才能夠有幸福感。因此，為了讓自己在兩性生活中感受到最大的幸福，我們一定要把自己的愛情置於法律和道德的保護之下。

（四）權利和義務對等是性和諧的關節點

性和諧，是指兩性關係能夠達到使人身心愉悅，符合社會主導價值觀念和道德規範，符合公平正義的原則，並且能夠促進社會的和諧穩定的狀態。從價值關係上看，性和諧應當包括兩個方面：其一是夫妻間的性和諧，滿足個人主體的生理和心理需求，如夫妻互相忠誠、互敬互愛、幸福美滿等；其二是社會性倫理秩序的穩定，滿足社會存在與發展的需求。[①]

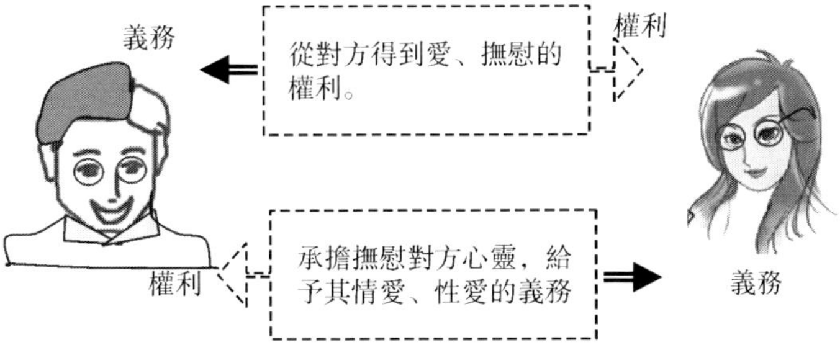
義務
從對方得到愛、撫慰的權利。
權利
權利
承擔撫慰對方心靈，給予其情愛、性愛的義務
義務

某種利益對於一方來說是「權利」，對另一方來說則為義務。例如，丈夫有要求妻子滿足其生理需求的權利，則妻子有滿足丈夫生理需求的義務；反過來也是一樣，妻子有要求丈夫精神撫愛的權利，丈夫當然也有滿足妻子撫愛需求的義務。義務、責任與權利具有同時性和對等性，在性關

① 胡曉萍. 價值與倫理——關於性和諧的本體論研究［M］. 成都：西南財經大學出版社，2007.

係上也是如此。一個人享有的性權利越大，則他在性關係中承擔的義務與責任也就越多；反之亦然。

例如，公民在婚姻中享有的性權力最大，因而人們在婚姻中承擔的責任和義務最多；相反，情人關係不具備法學意義上的權利特徵，因而人們在情人關係中承擔的責任和義務也是最少的。至多可以說存在某種道義關係，雙方相互承擔一定的道德責任。因此，有人會覺得在情人關係中束縛更少、受限制更少，自己更放鬆更愉快。

人們常常把「婚姻」叫作圍城，說是城裡的人想出去，城外的人想進來，其實就是因為人們在婚姻中承擔的責任和義務比較多，容易疲倦和厭煩。而在情人關係中，雙方承擔的義務要少很多。例如，情人花對方的錢時是不考慮將來的，因為很可能雙方就沒有將來；而妻子花老公的錢時是會考慮將來的用度的，如孩子的花銷、他們的未來生活計劃等。因為要考慮將來、考慮孩子，夫妻間的關係就沒有情人關係那麼瀟灑了。很多人以自己婚姻不幸福為名離婚再結婚。再婚後會面臨同樣的問題。如果一個人不想承擔義務，則他（她）無論結多少次婚都不會找到他（她）想要的幸福。

可以說，遵守法律和道德的約束是婚姻幸福的基礎。性和諧不是簡單的男歡女愛，而是一種為社會道德和法律所認可的、排除一切婚外性關係的兩性和諧。這種性和諧是承擔著一定義務和責任的特殊的兩性關係。從表面上看，性和諧要對人的性權利和性自由進行限制，從而縮小了個人性生活的空間。實際上，性和諧主要是引導人們把性對象指向更加合法的、合德的、合情理、合人性的更廣闊的領域。只有符合社會規範和導向的性才是健康完美的，才能給人的性活動以最大的開放空間，才能給人帶來真正的幸福。

在以愛情為基礎的性愛中，始終存在著一個恒等式：情感的付出等於情感的收穫。如果性權利主體希望獲得更多的情感滿足，就應當自覺地履行滿足其客體——婚戀對象的情感需要的義務，即為對方付出更多的情感。

在微信朋友圈中流傳的許多文章都把婚姻的失敗歸結為遇人不淑。其實這世界上哪裡有那麼多的「窮凶極惡」的「渣男」或者「渣女」？追根尋源，婚姻的失敗很多是由於夫妻雙方在家庭中權利、義務不對等造成的。特別是在女方比較強勢的情況下男方出軌的概率更高。

【案例58】因丈夫出軌而憤憤不平的麗娜怎麼也想不到，丈夫找了個比自己還老的離過婚的女人！論才華、論相貌，對方都在自己之下，為什麼對方能「勾」走她丈夫的心？直到有一次丈夫酒後吐真言「她給了我男人的尊嚴」，麗娜才想起有天晚上她鬥氣把老公關在了家門外。老公沒有去處，返回辦公樓時遇見了在辦公室值班的那個「她」，以後的事情就順理成章了。

「她給了我男人的尊嚴」是一句大實話！原來麗娜在家庭生活中太強勢，經常對老公不是抱怨就是訓斥。比如說她喜歡吃的菜老公沒有燒，她就抱怨老公變心了；多燒幾次，她又罵老公沒腦筋。種種看不慣只是因為她老公掙錢不多。她老公男性的尊嚴長期受損害，內心會出現不平衡，一遇到有異性給予關心和愛護就很容易移情別戀。

性愛是一種特殊的權利、義務關係，這種特殊性體現在愛情的互動上，情有多深，愛就有多濃。在情感反饋、愛情互動的基礎上，一方付出的情感越多，則另一方的情感反饋越積極，其獲得的性滿足越大。這樣會形成一種良性循環—付出愛—得到對方反饋—激發更深的愛—得到更多更大的回應。日積月累，愛情的種子就會變成根深葉茂的愛情之樹，經得起任何風吹雨打。

反之，一方付出的情感越少，則另一方的情感反饋越消極，則其獲得的性滿足越小。這樣則會形成一種惡性循環：一個人對自己的配偶越冷淡，則對方在家庭中獲得的滿足會越少，他在家庭中獲得的滿足越少，則發生越軌的概率越大，最終導致婚姻的破裂。

因此，當婚姻遇到危機時當事人最好問一下自己，我為對方做了多少？對於有感情基礎的夫妻說來，只要有一方這樣想，矛盾就很容易緩解，兩人重歸於好的概率會非常大。

（五）價值觀如何幫助我們提高婚姻生活的幸福度

婚姻生活的幸福度取決於婚姻關係是否和諧。而婚姻關係的和諧首先取決於夫妻雙方價值觀的基本一致。

日本著名演員三浦友和曾在他的自傳《相性》一書中，講述了他與妻子山口百惠30年相知、相愛的幸福生活。他用「相性」一詞來詮釋他們的美滿婚姻。相性在日語中有著投緣的意思，即彼此觀點比較一致、彼此的性格相吸引。三浦友和在書中寫道，沒有比「相性」更美妙的事情了！跟相性好的人在一起會心情愉快，做事情更容易。相性好的關係能持續久長，因為他們彼此需要。[①]

其實，相性就是價值觀相同，看待世界的角度相同。通俗地講就是對金錢、地位、權力、婚姻和人際關係的看法和態度大致相同。在這些大的方面相性相同，兩人發生矛盾的概率就會小很多。否則，價值觀不同，事事意見相左，夫妻關係就很難和諧。比如，丈夫奉行「節儉為榮」的價值觀，兩元錢的公交票錢都舍不得隨便花；妻子則覺得利用貸款花未來的錢更過癮，沒錢也要貸款借錢花。在這種情況下，夫妻吵架就不可避免。

兩個人對待金錢的態度不同的根源在於價值觀不同。人的價值觀是在其社會化過程中形成的。因此，兩個家庭出身或成長環境相近的人價值觀比較容易一致，日後發生矛盾的概率會少很多。因此，為了減少日後婚姻生活中的矛盾，我們在選擇配偶時一定要注意對方與自己在精神上是否一致。

【案例59】婚齡5年的網友「左腳大點」在天涯社區上述說他們「不相性」的失敗婚姻時由衷感嘆，結婚幾年才想明白，婚姻的「門當戶對」不在於物質，而在於精神。廣大網友的熱切回覆也應了那句話：維繫一段婚姻的不是孩子，不是金錢，而是精神上的共同成長。

① 三浦友和．相性［M］．毛丹青，譯．北京：人民文學出版社，2013.

夫妻價值觀的分歧

網友「左腳大點」與妻子感情的拐點，出現在他們通過奮鬥終於過上了基本的小康生活之後。妻子覺得只要努力，他們的生活可以變得更好。比如換一套更大的房子，讓銀行存款的數字再多一位。為了這個目標，她限制了「左腳大點」買書的金額、將家裡的旅行計劃無限延後，「左腳大點」愛好釣魚的習慣也被強行叫停，甚至連家裡的飲食標準都降低了。

最令「左腳大點」不能忍受的是，就連他們要孩子的計劃也被妻子拖後，理由是「沒有上百萬元存款，我是絕對不會跟你生孩子的」。因為價值觀的不同，二人的分歧越來越大。就在發帖的前一天，「左腳大點」去報名做了環保義工，並在朋友圈發圖倡議大家愛護環境，結果，妻子因為他盡做些不掙錢的事而向他提出離婚。「左腳大點」對此並沒多少惋惜和痛苦，只是感嘆，婚姻走得越久，精神上的門當戶對就越重要。我們終於到了走不動的一天。

在私生活領域，價值觀無所謂對與錯，關鍵是夫妻二人應當一致才不會處處起分歧。「左腳大點」的妻子的話也沒有錯。在經濟條件有限的情況下，要想擁有更好的房子、車子就得努力掙錢並努力省錢。問題在於，丈夫是個追求溫暖生活的人，不喜歡被金錢束縛，不喜歡為了攀比而失去現有的樂趣。這樣，夫妻吵架就必然會成為家常便飯。

如何判斷婚戀對象的價值觀是否與自己基本一致呢？

一是看對方的成長環境。在物質豐厚的環境中長大的孩子會比較注重精神生活質量，喜歡冒險，風險厭惡度較低；而在物質匱乏的環境中長大的孩子更看重物質生活水準，不喜歡冒險，風險厭惡度較高。

二是看父母對子女的教育方式。近年來，城鄉階層壁壘被打破，城鄉婚姻組合比比皆是。這種婚配模式成功與否在於雙方父母在教育孩子方面的觀點是否一致。

三是看對方的人格是否健全，是否懂得尊重對方。

在現實生活中，獲得一門精神上能夠相互呼應、價值觀基本接近的婚姻實屬不易，夫妻雙方在精神上的門當戶對更是「奢侈品」。由於選擇餘地的狹小，大多數人都是以找一個合適的人結婚為目的。在這種情況下，婚後雙方價值觀的調適就非常重要。

以下三點可以促使夫妻雙方的價值觀慢慢地趨向一致：

①理解寬容對方，盡量站在對方的立場上考慮對方觀點的合理性。

②尊重對方，不隨便評判對方的計劃和行為。因為他當下的感受和選擇是家庭、教育背景、過往經歷或是幾十年錯綜複雜的原因促成的，你不可能百分之百地去體會對方當下的處境，所以，尊重是最明智的做法。

③盡量靠自己的力量滿足自己的需求，從而減少對婚姻的失望。

最後一點非常重要。曾經有學生在課堂上向社會學老師提問，婚姻幸福的秘訣是什麼？老師回答說，最少的要求，最大的付出。因為，當一個人對婚姻的要求越少時，其需求滿足的概率越大，獲得幸福的可能性就越大，當一個人願意為婚姻付出得越多時，則他（她）在婚姻中獲得的回報也會越多，那些超出其預想的需求滿足會給其帶來極大的幸福感。這就是生活的辯證法。

一位女性朋友說，女人要想獲得婚姻的幸福必須學會自立自強。因為婚姻中的夫妻雙方的權利和義務是對等的。家庭興旺昌盛人人有責，當女人真的願意並且有能力頂起家裡的「半邊天」時，男人的生活壓力就小了，他的情緒自然就正常了，他的視野自然就遠大了，他的心胸自然就顯得寬廣了……他的所作所為自然符合你的審美情趣了……

實際上，改變的不是對方而是自己的心態。丈夫的收入水準沒有變，不愛收拾的德性也沒有變。當女人變得強大起來時，這一切都在其容忍的範圍內，不會對她造成傷害，更不會影響她的情緒。因為，努力奮鬥提升了女人的自我價值感，增強了其掌控自己命運的自信。她再也不怕被拋棄或被背叛，所以不再查看男人的手機，不再查看他的信用卡帳單，夫妻關係反而因為寬鬆變得和諧起來。她自己掙到錢了，再也不用為買雙鞋買個包什麼的和老公慪氣了。只要自己喜歡，不用請求，下單就成。

當然，這並不是說女人不需要愛情，不需要婚姻。沒有結過婚生過孩子的人生是不完整的。女人在婚姻中實現經濟獨立的目的是人格獨立。當她把自己當作自己生活的救星時，一切對生活的抱怨和對男人的抱怨都會灰飛菸滅。

此外，在婚姻生活中適當地降低物質目標，提高精神需求的層次則不僅有利於婚姻的穩定，且有利於提升婚姻生活的幸福感。這是因為，重視精神層面需求的人雖然也重視對方的物質條件，但他們希望從婚姻中獲得更多的是精神上的慰藉。因此，他們在日常生活中一般不會抱怨對方掙錢少，也不會在意對方提升慢。當生活發生變故時，他們也不會因為經濟問題而對婚姻有太多的失望。

【案例 60】艾米曾經是個幸福的全職太太。誰知天有不測風雲，丈夫因生意失敗面臨破產又被銀行起訴。艾米在危難時刻挺身復出，做推銷拍廣告賺錢替老公還債。此刻，曾經一副賢妻良母形象的艾米立馬轉換成一副鐵打金剛的女俠形象，沒日沒夜地工作。很多人心疼艾米的朋友勸她不要這樣折磨自己，讓自己這麼受累。艾米回應，我這樣做的目的很簡單，就是想守住一個家……這一刻我更像一個戰士，相信夫妻同心、其利斷金。

夫妻同心、其利斷金這話說得太精闢了，一語道出了婚姻價值的根本所在。應該說，娶了這樣的女性為妻的男人是幸運的。她們理性睿智，知道自己想要什麼，知道怎樣才能保住自己想要的東西。遇到危機她們不是碎碎叨叨抱怨老公無能，而是去行動，去主動化解危機。在這物欲橫流、「鴨梨山大」的年代有這樣一位賢妻，就任它「山崩地裂」也能活出精彩。這條「定律」同樣適用於男士，與有這種需求意識的男士組成的家庭，其妻子的安全感和幸福感同樣「爆棚」!

十、提升青少年的幸福力

蘇聯著名教育實踐家和教育理論家蘇霍姆林斯基（1918—1970）說，教育必須保護孩子們的歡樂和幸福。創造幸福是教育的目的。與此同時，幸福是一種精神狀態，也可以說是接受教育的能力——接受教師教育影響的能力。沒有這種精神狀態，就根本不可能有教育。教育的目的是創造幸福，是讓孩子在童年時期就感受到幸福和快樂。

（一）自信心如何影響青少年的幸福感

王小波說，人的一切痛苦，本質上都是對自己無能的憤怒。

的確如此，當一個人無法掌控自己的生活，無法實現自己的夢想時，他（她）就會被那種無能為力的感覺纏繞而痛苦不堪；相反，當一個人對自己掌握命運的能力有充分的自信時，他（她）的情緒會更樂觀、心態會更好。如果套用王小波的話，可以說人的一切快樂本質上都是對自己掌控命運的自信和自豪。

自信能給我們的青少年帶來什麼？

自信心直接影響青少年對未來的把握。

在我們的生活中，機遇總是一種不確定的因素。雖然機遇對於所有的人都是平等的，但是每個人對待機遇的態度卻是不同的。自信的人會迎著機遇上，哪怕是遇到困難也勇往直前；而自卑的人往往會因為猶豫不決而錯失良機。

久而久之，自信或者自卑都會成為一種思維慣性影響人的一生。

良性循環：自信—抓住機遇—獲得成功—強化其自信—更多的機遇—更大的成功—更強的自信心……

惡良性循環：自卑—失去機遇—失敗體驗—強化自卑—再失機遇—更強的失敗感—更加自卑……

【案例 61】朋友是某名牌大學畢業的研究生，也是一個老「知青」。因為小學四年級時趕上「文革」和「停課鬧革命」，學校什麼知識都沒有教，就讓他混了張中學文憑上山下鄉當知青去了。

1977 年 10 月恢復高考的通知下達後，農場教育科的科長跑來動員他報名參加高考。朋友很不以為然，說科長您開什麼國際玩笑呢！我連初中數、理、化都沒學過呀！可是那位盡職的教育科長說出「你很聰明，很努力」的理由讓朋友無法推托。科長說，你是沒基礎，可別人也一樣沒基礎。但我覺得你比別人聰明、比別人努力呀，所以你一定能考上！科長的話一下子點醒了朋友。可不是嗎，我們這一代人不都跟我一樣荒廢了學業的？不管怎麼樣，這是個機會，我得去試試。

這一試，朋友發現，雖然自己的理科基礎差，但做了那麼多年的宣傳工作，文科功底並不差。1977 年高考失敗後，他放棄了「學好數理化走遍天下」的夢想，發揮自己的文科強項，以充分的準備再戰來年高考，終於如願以償考上名牌大學。

Try and try，嘗試再嘗試，不放過任何一個可以嘗試的機會。

這是許多 1977 級、1978 級大學生優於其同齡人的地方。稍微做一點調查你就會發現，現在已經成了爺爺奶奶輩的 50 後和 60 後，這一代人的人生差距比任何一代人都要大。因為這一代人經歷的大起大落比任何一代人都要多。

例如，高考對於當時所有的適齡青年來說都是人生的一次大機遇。在這個大機遇面前，自信的人想的是，「我應當怎麼辦」；而自卑的人想的是「我能行不？」等他想清楚能行的時候，就已經失去機會了。這就是所謂「機不可失，失不再來」。而且，參加高考受挫也是常事。在失敗面前，自信的人會考慮「問題出在哪裡？」「有沒有避開障礙（例如避開數理化考試）的方法」，不斷嘗試，不懈努力，最終總會成功；而自卑的人會因為失敗而否定自己，認為自己笨，從而失去行為的動力，最終放棄目標導致失敗。

人生的關鍵點只有兩個：機遇和挫折。

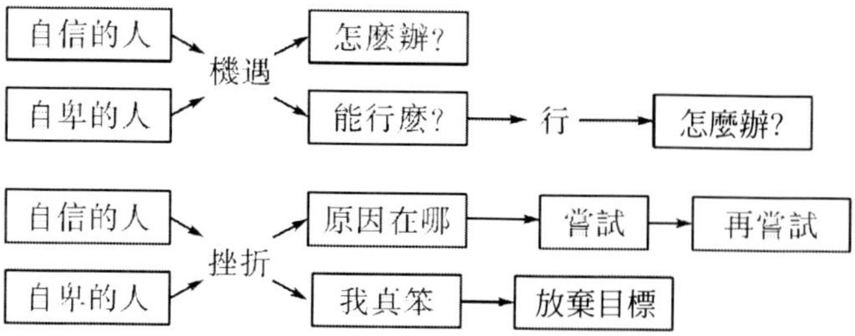

如果你能夠抓住你碰見的所有的機遇，勇敢地面對你遇到的所有挫折，你就一定會成功。成功帶來的財富的增長和社會地位的上升無疑會提升人的幸福感。況且自信和自卑的心理定式會影響人的一生。自信的人會努力抓住每一個發展的機會，讓自己越戰越強；自卑的人會眼睜睜地看著機會在自己眼前流逝，越來越害怕嘗試。因此，培養青少年的自信心是學校教育和家庭教育的重要環節。

（二）努力挖掘孩子身上自尊自強的潛能

孩子的自信心不是天生的而是後天形成的。如果父母和老師在孩子小的時候能為其提供充分的發展空間，讓他經常享受到被尊重的快樂，這樣的孩子一般是比較自信的；反之，如果父母和老師都覺得孩子不行，孩子就會自認為不行，甚至出現「破罐子破摔」的心理。

孩子就是一張白紙，可以畫最新最美的圖畫；孩子就是一顆單純的種子，土地施肥和管理決定了這顆種子的發展趨勢。家長和老師就是園丁，他們的態度和對孩子的期望對孩子今後的幸福生活影響極大。

心理學告訴我們，只有自尊自愛自強的人才會努力學習，勤奮工作，用業績證明自己的價值。缺乏自尊和自信的人很容易自暴自棄。所以，家長和老師們應該努力讓孩子們相信自己是優秀的。

首先，家長和老師必須堅信絕大多數孩子是聰明的和明事理的，孩子出現問題的首要原因是教育問題；其次，要相信每個孩子都有潛能，只是他們的潛能不一樣。對於智力正常的孩子來說，只要方法得當，只要給他們自信，因勢利導，他們都能夠學得很好、做得很棒。

有一部獲奧斯卡最佳外語提名獎的片子叫《放牛班的春天》，講的是一群被放逐社會邊緣的問題學生，在音樂老師馬修的教育下成功考上大學，後來成為科學家和藝術家的故事。

馬修任教的學校是一所收容行為偏差學生的管教寄宿學校，外號「池塘之底」，意喻處於池塘中淤泥堆積的底部。學生在這裡，無異於臉上刺了「刑」字的放逐犯，被一一貼上了標籤：逃學、吸菸、撒謊、偷盜、打架……在家長、社會、學校眼裡，這些孩子都已無可救藥，唯一對付他們的武器，就是校長那「一犯錯就處罰」的金科玉律。初到這個地方，馬修就被同事警告這裡的孩子有著天使般的面孔和魔鬼般的心靈，必須隨時保持警惕。

但是，因為學生偶然一句提問「樂譜是不是間諜的密碼」讓他堅信，這裡的孩子和外面的孩子一樣的天真、好奇……每個孩子都有一顆豐富的內心。他教孩子們唱歌，發現很多孩子極有天賦。

不相信唱出如此美妙歌聲的孩子能有多壞

他不由地感嘆，能唱出如此美妙歌聲的學生，又能有多壞呢？

抱著這樣的信念，他開始用藝術感化學生的心靈，讓自己成為學生的朋友和「死黨」……周而復始，他成功了，這群看似沒有希望的孩子成才了。

也許有人會說這是藝術加工的電影，是天方夜譚式的故事。但是，不同的教育會造成不同的行為方式，引發截然不同的結果卻是千真萬確的事實。

美國洛杉磯一所中學的數學老師 Jaime Escalante 就用信任和引導把原本不學無術的孩子，通過 AP 考試一步步引向成功。這是一個真實的案例，他的故事被拍成電影 *Stand and Deliver*，成為美國經典教育片。

【案例 62】Jaime 應聘的學校是南加州最差的一所高中——Garfield 公立中學。初到 Garfield 高中，他就被告知，這裡的學生都是附近街區的小混混，不僅成績糟透了，還經常拉幫結派，一言不合就用拳頭說話，甚至可能動刀槍！

> 用菜刀把「垃圾學生」送進名牌大學的數學老師……

但是學生們表現得越壞，Jaime 就越覺得奇怪：這些孩子才十幾歲，一定是教育出了問題。他相信：沒有天生的壞孩子。對付特別的孩子，要用特別的手段。於是，Jaime 開始了自己的改造計劃。

在被學生們起哄趕下講臺的第二天，Jaime 換上了一身廚師服，戴上了一頂廚師帽，拿著一把菜刀站上講臺，和學生們一起玩起了 cosplay（角色扮演）。

他把菜刀舉過頭頂，朝一張課桌狠狠剁下去。這下，班裡的小混混們安靜了……為了吸引孩子們的注意力，他想了各種辦法，甚至參考義大利教父的名字給全班同學起外號，用義大利「黑話」和學生交流……這種奇特的教學方式成功消除了代溝。他上課也好，作業也好，學生都很配合，成績也直線上升……為了讓這些「學渣」考上好大學有個好前程，他還衝破重重阻力為學生開設了美國名校必考項目——AP 微積分課程。儘管上 AP 課程的學生每天早上要早來 1 小時，晚上要晚走 2 小時，週六要上課，寒暑假也要縮短，但是 Jaime 老師的鼓勵和「快樂的魔鬼式訓練」讓他的學生樂此不疲。結果，第一年獲準參加 AP 微積分考試的 18 個學生居然超常發揮，全數通過，其中還有 7 個學生獲得滿分！第二年報名參加 Jaime 改造計劃的學生人數一下子衝到了 443 人。

後來，Jaime 那些在考試中取得佳績的學生們都發展得不錯。有的學生取得耶魯大學土木工程碩士學位，成為美國橋樑設計與建造方面首屈一指的專家；有的學生取得了哥倫比亞大學電子工程碩士學位，成為施樂公司和霍尼韋爾公司的電子設計工程師；還有的學生被麻省理工學院錄取，取得電子工程碩士學位，後在加州大學伯克利分校取得法學碩士學位，並成為美國專利法和知識產權領域最頂尖的專家；還有兩個兄弟考進了美國最著名的哈佛大學。

有人開玩笑說，Jaime 老師用菜刀把一群「垃圾學生」送進了名牌大學。而在 Jaime 看來，這群不愛學習的壞孩子都是大人們製造的。孩子們就像一顆顆被拋棄的種子，只能在泥沼中自生自滅，他們的未來就這樣被家長和老師否定了。

Jaime 說，這根本就不是種子的錯！他們甚至不知道自己身上的潛力。

在孩子的眼裡，老師的話一句頂一萬句。因為在孩子眼裡，老師代表著社會，老師的評價就是社會的認可或者否定。所以，讓孩子從老師眼裡看到自己的優秀非常重要。就像美國教育家卡羅琳・奧林奇所說的那樣，老師的有些言語和行為能給人脆弱的心靈帶來創傷，而且這種傷痕會伴隨人的一生。相反，一些鼓舞、表揚的言語和行為能給人脆弱的心靈帶來光明，並且這種光明會照亮人的一生。

【案例 63】朋友畢業於名牌大學。他讀高中時理科成績非常好，英語成績卻非常糟糕。儘管他每天花在英語學習上的時間比數理化多得多，但英語考試成績仍只能在及格線上下晃蕩。他不明白這究竟是為什麼，甚至一度懷疑自己缺乏學好外語的天賦。

上大學後，心理學老師通過「回憶療法」幫他揭開了謎底。原來初中物理第一節課老師提了個生活中的力學問題。因為他的回答讓老師感到滿意，年輕女老師一高興，就順口誇了他一句：「嗯，不錯，某某在物理方面很有天分！」誰曾想「有物理天分」這個來自物理老師口中的贊美讓這個剛上初中的孩子從此對自己的「物理天賦」堅信不疑，並因此愛上了物理，其他理科成績也跟著直線上升。

然而他的外語課就沒有那麼幸運了。因為任課老師有點急於求成，一開課就全程英文講授，想用這樣的方法把學生的口語和聽力逼出來。結果課堂上這些沒有任何英語基礎的孩子完全不明白她講的是什麼，只能雲裡霧裡跟著「坐飛機」。英語老師急了就在課堂上發脾氣，說「這都不會！我就沒教過這麼笨的學生！」不曾想，老師這句不經意的牢騷話在學生身上留下了很深的心理陰影。對於朋友說來，這陰影像魔咒一樣影響了他後來的英語學習。因為從心底裡懷疑自己的外語天賦，從中學到大學，無論他花多少時間復習、預習英語，其英語考試成績都始終不理想。

這個案例比較典型。物理老師一句贊美成就了一個優秀的理科生，外語老師的一句牢騷又讓這個優秀的理科學生在英語考試中屢次「敗走麥城」。從心理學的角度看，出現這種情況是因為老師的贊美或牢騷通過心理暗示對學生施加影響，促使學生無意識地朝著暗示所指引的方向走。

心理暗示是人的一種本能。它是人在漫長的進化過程中形成的一種無意識的自我保護能力和學習能力。心理暗示分為自暗示與他暗示兩種基本形式。自暗示是指自己用某種觀念影響自己，對自己的心理施加某種影響，使情緒與意志發生作用的心理過程。例如，一個人有意識地暗示自己身體好，就會在其身體和心理上產生積極的效果。他暗示是指他人通過語言、形象、想像等方式，對個體施加影響的心理過程，如上述老師的贊美或者牢騷對學生心理的影響。

心理暗示的效果有強有弱，通常權威的暗示會出現較強的暗示效果。在學生心目中，老師就是最權威的評價者，「老師的話一句頂家長一萬句」。在學校裡，教師的一言一行對學生都有很大的影響，甚至改變學生一生的命運。

教師擁有的權力是賦予學生學習的機會還是剝奪學生學習的權利，是促進學生進步還是抑制學生發展的權利。教師的這種權力就是蘊含在語言和行為上的表揚或批評、尊重或歧視。高素質教師的鼓勵可以把「學渣」變成「學霸」；低素質教師的歧視可以把「學霸」打擊得趴下。因此，教師必須學會尊重學生的才能和德性，通過尊重培養孩子的自尊心，努力挖掘其自尊自強的本能，就能幫助孩子獲得更大的成就、更大的成功。

除了學校老師外，學生家長是幫助孩子樹立自尊的最重要的角色。雖然家長的話「一萬句頂不了一句」，但孩子最想得到家長的喜歡，所以會很在意自己在父母眼中的形象。所以，爸爸媽媽、爺爺奶奶還有外公外婆千萬不要在自家孩子面前說他（她）「很笨」「很難教」，連想都不能這樣想。因為如果你有這樣的想法，表情上會有所流露，而孩子是很敏感的。保護孩子的自尊是家長和老師的責任，因為唯有自尊的人才會自覺約束自己，才會努力學習，努力工作，爭當人杰。

（三）幫助年輕人學會積極的自我暗示

前面我們講到心理暗示會影響人的情緒和行為，促使自己朝著暗示所指引的方向走。積極的心理暗示會引導人們走向健康、快樂和成功；消極的心理暗示會把人引入痛苦的泥潭。《放牛班的春天》裡的馬修老師和 Carfied 公立中學的 Jaime 老師能夠用積極的心理暗示把一群「小混混」培養成社會精英，我們也可以用積極的心理暗示把自己引向成功。

能夠經常用積極的心理暗示激勵自己的人被稱為高情商（EQ）者。心理學告訴我們，由於高情商者總是能使自己保持興趣盎然和愉悅的情緒狀態，這為他們進行認知活動和日常決策提供了有利的背景。他們也因此獲得更強的思維能力和更高的工作效率，更可能取得創造性成就；而低情商者則因無法擺脫消極情緒的困擾，其思維記憶和認知操作都大受影響，工作效率也低，所以他們終身也難取得富有價值的成果。[23]

【案例 64】一位當過行銷總監的朋友說，至今她還記得自己第一次做團單時站在客戶辦公室門外兩腿發抖的情形。儘管很緊張，但不敢言退，只好硬著頭皮向前衝。在通往客戶總經理辦公室的途中，她不斷地鼓勵自己，「我能行的，而且必須行！因為自己的辭典中從來沒有『失敗』二字」。當她「壯著膽子」走進去後，發現客戶其實沒那麼「可怕」。她以自己的真誠、自信、廣博的知識面加上嚴密的邏輯論證，迅速打動了對方，順利地拿到了雙方合作的協議書。

心理學家巴甫洛夫認為，暗示是人類最簡單、最典型的條件反射。從心理機制上講，它是一種被主觀意願肯定的假設，不一定有根據，但由於主觀上已肯定了它的存在，心理上便竭力趨向於這項內容。[22]上例中的行銷員有了積極的心理暗示，讓自己的潛能得到超常發揮，順利拿到了訂單。同樣，在生活的其他領域，積極的心理暗示也會讓我們朝著好的方向發展。

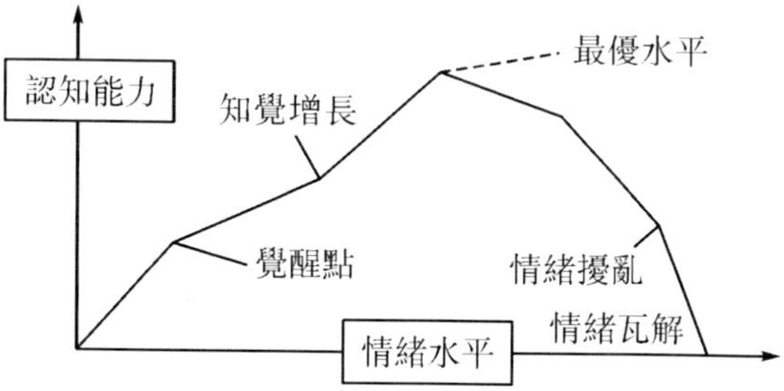

當情緒達到最優水準時，人的認知能力最強。愉快的情緒對人的認知起「喚醒」作用，它能調動你的每根神經為正確決策鋪路；而悲觀情緒阻礙了認知的通道，影響了人的決策能力。如上例中的行銷總監，積極的情緒和正面的心理暗示讓她的才華得到了充分的發揮。如果缺乏這種暗示，緊張得說不出話來，結果可想而知。不僅如此，無論是歡樂的情緒還是悲傷的情緒都是會渲染和蔓延的。所以，在生活中我們應當努力迴避那些負能量的人，多接觸一些正能量的人。

【案例 65】一位網友發文說，他剛到北京的時候，因為人生地不熟的，總是感到不安和迷茫，總是想找個人訴說一下。於是每天都在朋友圈刷屏，訴說著自己的苦悶和那些痛苦的事情。剛開始還有朋友關心幾句，後來大家習慣了，回應的人越來越少。終於有一天，一個多年的鐵哥們對他說，「快拉倒吧！這要是當年，沒準還有人默默給你遞過去一支菸，跟你推心置腹半天，現在大家都很忙，誰顧得上看你沒事發牢騷呢！」

這個說法讓他猛醒，想起了一個也是「北漂」的女同學。這個做廣告行銷策劃的女同學有一天在朋友圈發了個漫畫，說是今天下班後走在大街上覺得特別別扭，不知道有什麼地方不對勁。想了很久才明白，原來是因為今天沒有加班，回家的時候天還亮著！漫畫上的她一臉輕鬆，絲毫沒有覺得自己有多痛苦多努力什麼的，感覺這就是生活正常的樣子。

這位網友的經歷告訴我們，當你覺得自己特別痛苦的時候，千萬別找人訴苦，而應該告訴自己，我很快樂。因為，這種積極的心理暗示對於人們擺脫困境非常重要。就像上面說的那位做廣告的女同學，用調侃的口吻自嘲「自己感覺不對勁居然是因為天還沒黑就下班了！」換一個角度思考，生活中這些「痛苦」的事情就會變成「逗自己開心」的理由。

因此，要想獲得更強的幸福感，就要學會從負面場景中給自己找一個幸福的理由，而不要總向自己強調負面結果。聰明人應避免老用失敗的教訓來提醒自己，而應多用一些積極性的暗示鼓勵自己。唯物辯證法告訴我們，生活中的好事與壞事總是相輔相成的。人沒有絕對的優勢，也沒有絕對的劣勢。事物總有兩面性。因此，每一個人都可以從自己的缺陷或者不足中找到幸福的理由。

（四）教會孩子理解競爭且敬畏競爭

我們處在一個競爭激烈的社會。孩子們從出生起就被賦予了「不能輸在起跑線上」的使命，從幼兒園至小學至中學，從大學到工作，競爭一刻也沒有停止過。因此，培養孩子的競爭意識和能力是賦予孩子在 21 世紀暢行的「通行證」，也是幫助孩子實現自我價值、走向成功幸福之路的「門票」。因為競爭是在社會規則體系下公平選擇的結果。商品經濟通行優勝劣汰、強勝弱汰、獎優罰劣、獎勤罰懶的法則，規則意識能夠幫助孩子們從小就懂得如何運用合理合法的途徑滿足自己的物質需求和精神需求，用最大的努力去獲得最大的幸福。

懂得競爭並且敬畏競爭可以最大限度地調動人的潛質，調動孩子學習、生活的積極性，使孩子形成不甘落後、積極上進的心理傾向，避免他們今後因為學習壓力過大或者工作、生活壓力過大而發生心理問題。

有壓力，
太正常了
學業
職業
上升
壓力
受不了了，
老天不公平！
表現：激發潛能，愈戰愈勇
表現：悲觀失望，怨天尤人

【案例 66】小 A 和小 B 是小學同學，論智商兩人可以說相差不大。可是小 B 的母親比較憤世嫉俗，幾乎每天都在抱怨現代教育扼殺了兒童的天性。久而久之，小 B 開始反感學校教育，對做作業考試等也非常抵觸，其成績一落千丈。反之，小 A 的母親告訴孩子，競爭是一件很正常的事情。好比下棋，總有人贏也總有人輸，只要盡力就好。所以，小 A 的狀態一直比較穩定。因為總是全力以赴，他的潛能得到激發，愈戰愈勇，最終在高考中以高分勝出。

現代社會壓力大是一個無法迴避的客觀存在。有競爭意識的孩子會把競爭壓力看作一件非常正常的事情。在與對手實力相當時他會越戰越勇；在與對手實力懸殊時他自然甘拜下風。不管結果怎樣，他不會因為壓力大就抑鬱自殺。如同人們認為下棋有輸贏很正常，沒有人為了輸幾盤棋去自殺一樣。

有競爭就有競爭規則。教會孩子認識競爭規則、敬畏競爭規則非常必要。家庭和學校潛移默化的規則教育最終會讓孩子形成相信規則、敬畏規則的心理傾向。作家塞林格說，人生的確是場大家按規則進行比賽的球賽。這個比喻也許有些偏頗，但它說明了一個再簡單樸素不過的道理。如果我們真正做到了從內心深處敬畏規則，人生就會規避許多未知的風險。

要知道，有時候，我們的夢想受挫恰恰是因為這個夢想違背了公平這個最基本的常規。

【案例 67】前些年曾有網友向政府提出過一個治理空置房的「藥方」：如果經調查確認一套房子超出四年都無人居住，政府就可以把它作為安置房分配給無房者居住。當然，這個方案未被相關部門認可，也沒有被認可的可能。因為光是確認房子是否為空置房就有相當大的難度。對此有網友提出「數燈」的方案，可是房子「黑燈」並不等於無人居住。比如業主出差了或者出國了都有可能出現「黑燈」現象。

問題的關鍵還不是「數燈」方案是否科學，而是此方案違背了市場經濟的等價交換規則，有違社會公平。因為大多數有房產者是靠合法收入購買的住房，而不是像少數人認為的那樣是靠為富不仁累積的財富。其中那些年輕的業主更是集夫妻雙方上下二代人（雙方及雙方父母）的努力交首付，小夫妻倆頂著 20~30 年房貸壓力買的房。如果可以「空手套白狼」，借著所謂的公平的制度無償分到房子，他們又何必頂著這麼大的壓力自己買房子呢！當然若大家都不買房了，房價自然會降。可是因為無利潤可言，開發商不再修房子。到那時，無房者恐怕連租房都租不到了。

對競爭規則認同與否導致無房者對住房分配體系的公平標準的認知不同。認同規則者會心平氣和地看待住房問題，並且相信，在相對公平的市場經濟條件下，每一個購房者都有可能通過自己的努力循序漸進地累積資金湊足首付貸款買房。想想看，那個沒文憑、沒技術又沒年齡優勢的「北漂」保姆都可以用自己的積蓄買房，其他人還有什麼好抱怨的。

教會孩子理解競爭並敬畏競爭規則，可以讓孩子在日後的工作和生活中減輕很多煩惱。比如沒有錢他會努力去掙，沒有房子他會先去租房再想法湊首付還貸買下自己的房子。總之，他會把公平競爭看作一件正常的事情，不會因為剛工作沒錢沒房而煩惱。

（五）幫助孩子體驗感恩和奉獻的快樂

常懷感恩的心，生活中的每一件小事都能夠成為幸福的理由，遇到的每一個小人物都可能成為自己生命中的吉星。因此，幫助孩子懂得感恩，體驗感恩的快樂非常重要。

【案例 68】兩年前網上載出一段溫暖的新聞，說的是河南平頂山的一位老大爺 7 年自制了 600 餘張感謝卡送給讓座人。老人送卡的理由非常樸實，他說：「作為老年人，遇到年輕人為你讓座，應該道謝。因為讓座並不是年輕人的法定義務，而是一種愛心的體現。」基於這樣的感恩認識，自 2008 年以來，這位可敬的老人只要遇到為他讓座的人，他都會送上自制的感謝卡，至今已發出 600 餘張。

這位可敬的老人用自己的感恩行為為「人人都獻出一點愛」的道德宣言做了最好的註釋。懂得感恩，體諒年輕人的不容易，向他們表示感謝也是教養的體現。的確，這個世界上沒有人欠你什麼，幫你是愛心但不是他的義務。公交車上的座位，除了標明老弱病殘孕專座外，其他座位的享用是遵循先來後到原則。對每一個讓座的人表示感謝，會鼓舞助人者繼續這一善行。遇到幫助過我們的人，說聲謝謝，也會讓我們體驗到感恩的快樂。讓孩子懂得感恩，會讓他們感受到更多的愛心，獲得更大的幸福感。

從倫理學的角度看，感恩是一種道德修養，是人對於別人的善意或者付出的回報心理。培養孩子的感恩意識關係到孩子未來的幸福。

【案例 69】一個朋友很喜歡喝養牛戶賣的未經過任何工業加工的牛奶。這種帶著牛乳濃香的原生態產品會讓人從身體到內心都感到放心。恰巧他們小區有養殖戶的配送點，只是取牛奶比較麻煩，要自己拿容器去打。由於送奶工的時間不太確定，小區的居民們一般是把自己的盛奶容器放在門衛室前的桌子上，讓送奶工自己按容器內置放的奶票數量打奶。

這種操作方式運行了好幾年，誰也沒有注意到門衛在這中間做了多少工作。直到有一天，朋友去樓下拿快遞，恰巧遇到送奶工來送奶，這才發現，他們每天喝的牛奶都是門衛大爺幫忙打的！

送奶工來了，但進不了小區，只好招呼門衛大爺幫忙。大爺先端了兩個容器遞給送奶工，打完後放到桌子上又拿起另外兩個……就這樣裡裡外外跑了好幾趟才把桌子上容器全部打好。原來，小區的物業管理新規定實施後，做生意的人不能再進入小區。而需要打牛奶的居民又不可能守在那裡干等，於是門衛就主動承擔起為小區居民打奶的任務了。

那一刻朋友非常感動，從門衛大爺手中接過牛奶鍋時自然說了聲「謝謝」。可門衛大爺說，「這沒什麼，就一哈哈（一會兒）！」可是朋友卻非常感慨，雖然每天打奶就一會兒的工夫，可是一年 365 天，天天如此，就不是一會兒的工夫了。況且為居民打牛奶並不是門衛的義務。他沒有因此多領一分錢的工資，居民也沒有因此多付一分錢的物管費。

朋友說，這件小事讓他感動，也讓他對生活多了一分感恩。生活中這樣的小事非常多，常懷感恩之心就能天天發現這樣的小幸福。不僅如此，感恩還讓我們心中多了一份難得的快樂和平靜，使我們能夠坦然地面對生活。當感恩成為一種自覺或一種習慣時，我們就會發現生活本是如此豐厚，我們的身心便有了一種超越，我們便擁有了一種健康的心態。

除了感恩，舍得奉獻、樂得奉獻的孩子也容易獲得快樂。因為奉獻除了能讓人獲得良好的人際關係外，還能讓人更深切地體會到生命的價值。

在我們的日常生活中，有許多人在為我們的幸福默默地奉獻！如：門衛大爺每天主動幫助住戶打牛奶；菜販起大早給我們送來了新鮮蔬菜……生活中這些看似微不足道的小事都可以成為幸福的理由。關鍵要感受到幸福，必須有一顆感恩的心。否則，就無法發現周圍的人的善意，無法發現每天發生在我們身邊的幸福之事。比如前面案例中說到的那個被親戚救助的孩子，如果他懷有一顆感恩的心，他就會發現自己是多麼幸運；如果他懂得感恩，他就會因為他人的付出而感受到愛的溫暖。

曾經在網上看到一篇博文說，人們因為幸福而感恩，因為感恩而通行在更加幸福的路上。這話說得非常在理。常懷感恩之心，生活中的每一件小事都能夠成為幸福的理由，遇見的每一個人都可能成為自己生命中的吉星。因此，懂得感恩的人比別人多了很多幸運之感。

【案例 70】66 歲的癌症患者 Y 女士在一個月前剛剛做完腦部腫瘤切除手術。醫生說她還有三年。三年，也就是說醫生宣判了她的生命只剩下了最後三年，她還有三年的時間可以做自己想做的事情。

休養之後，她決定到腫瘤醫院做志願者彈鋼琴。雖然門診大廳裡嘈雜忙亂，但音樂聲還是撫慰了人們焦急的心情。這位堅強的女性想用自己的音樂安慰病友和他們焦慮不堪的家屬。

一個絕症患者不是躺在病床上等著人照顧，而是選擇到醫院裡做志願者，在門診大廳裡為看病的人演奏鋼琴曲。這樣的行為溫暖他人，也有益自己，真的非常令人敬佩。一個在生命的最後時刻還想著為他人服務的人是沒有對死亡的恐懼的。奉獻回饋給這位絕症患者的是生命的價值感和人的最後尊嚴。

舍得，舍得，有舍才有得。英國有句諺語：贈人玫瑰，手有餘香。意思是說一件平凡的小事，哪怕如同贈人一支玫瑰般微不足道，但它帶來的溫馨都會在贈花人和收花人心底升騰、彌漫。舍得為他人付出，不僅能得到社會認可所帶來的價值感，還能獲得良心的自我獎賞帶來的幸福感。

十一、社會適應性對生活境遇的影響

社會適應性指的是一個人在心理上適應社會生活和社會環境的能力及其適應程度。社會適應能力的高低，一方面表明了一個人的成熟程度，另一方面也決定了其生活境遇向哪個方向變化。一般說來，社會適應性良好的個體會通過努力改善自己的生活境遇，而社會適應性較差的個體會把自己的生活弄得越來越糟。

（一）自我中心主義[28]的困境

顧名思義，社會適應性就是指個體對社會環境的適應性。其中，環境是外在的，不受人的喜好影響而存在著的客觀因素，人是環境中的活動要素。雖然人可以改變環境，但改造的前提是人必須先接受現狀，找出規律，繼而給出切合實際的改造方案。

自我中心主義的一個顯著特點是，對外在世界的客觀性缺乏應有的瞭解，不自覺地把自己的看法當成社會現實。他們總是把自己在當下環境中的「水土不服」歸於社會不公或者他人不厚道，寄希望於環境的改變，然後對新環境再度失望。結果讓自己的人生變成一種惡性循環：對環境失望—換環境—再度失望—再換環境。

自我中心主義的困境在低齡留學生及其家長中比較常見。近年來，留學生低齡化的趨勢愈演愈烈，一個重要的原因是家長對國內的教育體制越來越不滿。學校競爭激烈，升學壓力大，課業負擔重，孩子因難以適應競爭環境，成績一落千丈。於是，有條件的家庭就想方設法地把孩子送出國。問題是，這些適應不了國內教育的孩子出國留學後，只有極少數有特殊才能的孩子脫穎而出，大部分孩子表現平平，甚至因為缺乏管教而變得更糟。

【案例 71】2010 年 9 月 18 日凌晨 5 時，W 市一家大型物流市場的在建商業樓裡，一名中年男子從 10 樓凌空跳下，當場腦漿崩裂，氣絕身亡。經警方查實，這名叫 Tom 的男子曾經是一位成功的職場人士。究竟是什麼原因讓這位正值壯年的男子以如此決絕的方式結束人生？記者通過深入採訪警方與當事人家庭，最終還原了這個讓人唏嘆的家庭悲劇……

Tom 是個慈愛的父親。他的兒子 Billy 從小沉迷於電腦游戲，學習成績非常差。升入高中二年級後，Billy 期中和期末兩次考試都是全班倒數幾名。然而 Tom 並不認為兒子有什麼問題，反而認為是學校題海戰術式的教育方式讓兒子無法適應。於是，夫妻倆賣掉了自己的住房花重金送兒子到香港讀高中，Tom 還捨棄了自己的事業去香港陪讀。沒想到兒子到了香港還是不肯好好讀書，照樣打游戲逃課，最後因考試作弊被學校開除。

消息傳來，讓羞憤交加又胃癌纏身的 Tom 絕望至極，最終跳樓自殺。

從心理學的角度看，這對父子實際上陷入了自我中心主義的困境：孩子不適應學校教育—歸因於教育弊端—留學改變環境—還是難以適應。正如留學專家所指出的，很多父母認為不惜一切代價把孩子送出國就算給了孩子一個好前途。然而這些父母對國外的教育體制並不瞭解，以為換了個寬鬆的環境孩子的一切問題都能解決，全然不顧孩子有沒有語言基礎、有沒有專業知識、有沒有在國外自立和生存的能力，結果常常是把孩子們推進了火坑。這些不能適應國內教育體制的孩子到了境外照樣不能適應那裡的學習生活。由於自我中心主義的思維慣性，這些孩子還是會像以前那樣我行我素，完全不考慮自己的社會責任和父母的辛勤付出。

自我中心主義，是瑞士心理學家皮亞杰（J. Piaget，1906—1980）提出的概念，主要指「嬰兒在判斷和行為中有受自己的需要與感情的強烈影響的傾向。」[25]嬰兒很難離開主觀感情去客觀地判斷與理解事物和情境以及人同人的關係等，他們主要是根據自己的主觀印象來推理。皮亞杰把嬰兒這種尚未發展的思維特徵叫作自我中心主義。

自我中心主義是學前兒童思維的特點，但是也可以發生在任何年齡段。一般情況下，兒童能夠通過家庭教育和學校教育的「同化」和「順應」，掌握各種行為規範和生活技能，逐漸適應社會生活。但是部分人由於早年的家庭變故或家長溺愛縱容等原因未完成早期的「社會化」過程，導致他們成年後對社會的認知概念又回到嬰兒時期的初始水準。有「自我中心主義」傾向的人常常把社會現實看成自己想像的樣子。他們會有一種幻象：自己永遠是對的，如果有問題，那一定是境遇問題和社會問題。

社會心理學認為，人是在主動適應環境的過程中獲得適應性的。當人們把自己遇到的所有問題都歸罪於境遇時，其認知能力和主觀能動性會下降到最低水準。因此，這類人很難實現自己的目標，也很難獲得幸福。

生活中經常可以看到這樣的現象，一些人換了無數次工作還是無法適應，有人結了很多次婚還是對自己的婚姻不滿意……我們會發現這類人有一個共同特點，就是遇事總是從自己的角度下結論，把所有的責任推給他人、推給社會。

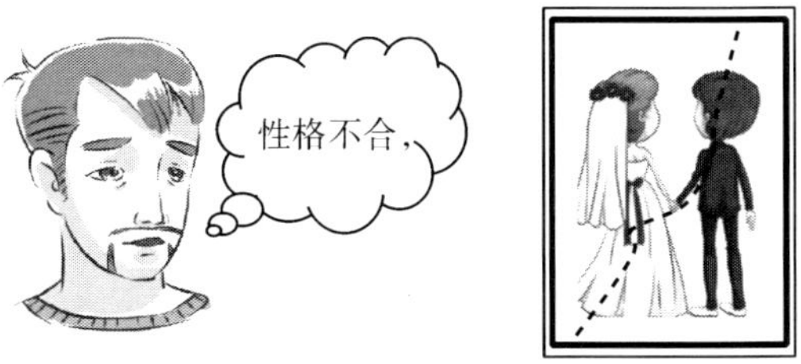

如果某人把每次婚姻失敗的原因都歸於與配偶性格不合；如果一個人每次離職的理由都是老板不懂得知人善用；如果學生每次退學的原因都是因為教育體制的弊端，那就不是境遇問題，而是主體自身的適應性出了問題。

人無完人，金無足赤。這個世界雖然沒有理想世界那麼完美，但也不是那麼糟糕。它只是以它慣有的方式存在著，按照既定的規律運轉著。客觀世界不以人的意志為轉移。無論我們喜歡或不喜歡，它都不會自動地按照我們的要求發生改變。所以，要想獲得幸福，只能努力地使自己適應這個世界，在適應社會的過程中奮鬥著，最終獲得成功的快樂。

（二）從接納環境和接納自己做起

擺脫自我中心主義的困境必須從接納環境和接納自己開始。

在生物學中，生物的適應是指生物的形態結構和生理機能與其賴以生存的一定環境條件相適合的現象。一方面指生物各層次的結構（從大分子、細胞、組織、器官，乃至由個體組成的種群等）都與功能相適應；另一方面，這種結構與相關的功能（包括行為、習性等）適合於該生物在一定環境條件下的生存和延續。

進化論告訴我們「適者生存」，倫理學則告訴我們「適者快樂」。

接納環境和接納自己是適應社會生活的開始。一個人只有適應了自己的生活環境，才能在自己的領域內遊刃有餘；反之，如果個體不去努力適應環境，而是一味地期望環境的變化給自己帶來好運是很難如願的。

德國古典哲學家黑格爾有句名言：「凡是現實的都是合理的，凡是合理的都是現實的。」也就是說，世界現有的規律和規則的存在都有其必然性和合理性。這些規律和規則會隨著事物的發展而發生內容上的改變，所以，凡是合理合規律的事情也會變成現實。按照唯物辯證法的觀點，在事物變化的條件成熟前，我們還是必須按原有的規則行事，就好比在共產主義到來之前我們只能按勞分配，而不能按需分配一樣。

關於接納環境、適者生存的道理，這裡舉幾個與我們切實相關的例子。

（1）關於「適者才有學上」的問題。我們的教育體制因問題多被眾多網友吐槽，仿佛已經爛得無可救藥。但是在教育改革完成前任何吐槽都不能真正解決孩子的上學問題，讓自己的孩子適應目前的高考制度才是上策。因為以個人之力對抗「高考」，無疑是以卵擊石，後果可以想像。

（2）關於「適者才有房住」的問題。目前中國的住房體系設計雖然尚有不合理、不公平之處，但它仍然是公民合理合法地獲得住房資源的唯一渠道。我們只能根據這個體系的設計來決定自己是租房還是買房。如果等著「福利分房」，無疑和等著彩票中百萬元大獎一樣希望渺茫。

（3）關於「適者才有工作」「適者才有錢賺」的問題。因為目前的分配體系貧富差別大，底層民眾有較強的被剝奪感。但是在以市場經濟為主的社會有機體中，財富向資源擁有者傾斜符合風險與收益均衡的規律。如果你想從社會財富總額中分得更大的「蛋糕」，那就要付出更多努力並承受更多風險。

當我們認識到眼前的一切都是一種客觀存在時，我們的心態就會變得平和起來，就不會讓憤世嫉俗的情感消磨了自己的意志。唯物辯證法告訴我們，要改造世界，就要找出其運行規律，然後才談得上按照客觀規律的特性去進行改造。比如，環境污染問題是每一個國家現代化轉型中都會遇到的問題，民眾只是一味抱怨是沒有用的。它就是一個客觀存在，語言再激烈也改變不了現狀，唯有經濟高度發展引發的城市綠色革命和產業轉型才能改變它。

現在再說說接納自己。

韓國神經科、精神科專業醫師楊昌順教授在《接納自己，就接納了世界》一書中指出，「人生在世，我們不可避免地要與人打交道。但是我們在人際關係中卻很難做到堂堂正正、自信十足地率直而言。我們總是小心慎重地抑制自己，害怕因為表露了真實的自己而不被他人接受。因為這種抑制，我們有時甚至會討厭只能曲意逢迎的自己，漸漸對與人交往懷有恐懼、排斥的心理，人際關係也會越來越不健康。所有這一切產生的根源，只因我們沒有好好地瞭解自己、接納自己、與自己和睦相處。正因為你接納不了自己，又談何讓他人接納你、喜歡你、願意與你打交道呢？」[26]

作為神經科、精神科的專業醫師以及人際關係診所院長的楊昌順，從前來找他諮詢的人們的經歷中，提煉出大家普遍存在的問題與困惑，從心理學的角度，專業而又輕鬆幽默地告訴你我，只有坦然地接納自己，社會才會接納你。如果你自己都瞧不起自己，又怎麼讓別人看得起你。

中國「袖珍富姐」的真實案例正好佐證了楊昌順教授的觀點。①

【案例 72】中國「袖珍富姐」朱曉紅出生於農村。因患先天性軟骨病，成年後的她身高只有 80 厘米，體重不足 40 斤。軟骨病使得她的腿沒有一絲力氣，所以自出生後她從未自己走過一步路，每次出門都是靠別人抱著行走。就是這樣一個不能行走的柔弱身軀卻支撐起了一家價值超百萬元的企業。

朱曉紅是個聰明又要強的女人，商業嗅覺很靈敏，悟性又非常好，加上待人誠懇，她的生意做得不錯。然而在與客戶交往中，朱曉紅總是會遇到身體的畸形帶來的尷尬。

她在商場租櫃臺做化妝品生意時，顧客到櫃臺前不是為了買她的東西，而是為了獵奇。對此，她並不在意，還把這看作一種上天賜給她的機遇。她積極向圍觀的人們推銷化妝品，其認真的態度和專業精神讓顧客感動，她的櫃臺的銷量也穩步上升。

當了公司老總後與人談生意，她也遇到過客戶被她的外貌嚇住逃之夭夭的情況。為此，朱曉紅每次見客戶都主動提前告知自己的殘疾情況。當遇到對方見面就想逃走的情況時，朱曉紅會說：「選擇合作對象，又不是選擇媳婦，我的長相不影響生意嘛!」「如果因為我是殘疾人就不和我合作，對我們倆都是損失，在商言商雙贏才是最重要的，你說對吧?」通常朱曉紅這一番幽默的話，都能留住了即將要走的客戶，成就一樁生意。

按理，朱曉紅這樣的重度殘疾人比一般人更難於接受自己，她們更容易感受到「上天的不公」。她們更有理由抱怨，為什麼把我生成這樣?為什麼偏偏是我來承受這一切。然而對於生來就殘疾的朱曉紅說來，所有的抱怨都不能解決她的生存問題，唯有走出去、干起來才是出路。

身材和相貌本來是朱曉紅的「短板」，但是她卻把這個「短板」變成了與眾不同的行銷手段，使她的公司客源滾滾、財源滾滾。試想，如果朱

① 2017-06-06 遼寧衛視中國好人遼寧衛視，袖珍富姐朱曉紅：被人抱著創輝煌!

在商言商
我的長相不
影響生意。
佩服+感動=合作成功
朱曉紅：自己先接受自己，世界才能接受你。

圖片 51

曉紅不能坦然面對自己的殘疾，又如何讓她的客戶坦然面對她呢。

所有在考場奮戰的學子和在職場奮戰的「打工仔」，有誰會比她的情況更糟糕？至少我們比她更健康，比她美麗或帥氣，比她擁有更高的學歷。朱曉紅都能接受自己的不完美，打拼出自己的世界，我們這些健康人又有什麼理由不接受自己呢！

心理學告訴我們，主體對外界的適應過程不僅影響「自我」的心態，也影響有助於建構自我的社會環境。「當一個人針對環境調整自己的時候，他就會變成另一個個體；但是，在變成另一個個體的過程中，他也會不斷地影響他在其中生活的共同體。也許這種調整微不足道，但是只要他堅持不懈，他的生存環境就會變成他想要的樣子。」

這就是說，一個人的生活境遇也可以是他後天努力的結果。通過主觀努力，人與環境的互動會讓我們的境遇朝著有利於我們的方向變化。

【案例 73】朋友張嬸和張叔曾經因為相互猜疑，夫妻冷戰了近十年。3,600 多個日夜面對著不理不睬的丈夫，張嬸感覺自己都快崩潰了。但是真的與丈夫離婚她又舍不得，畢竟有那麼多年的感情了。怎麼辦？她求助於小區社工服務站，社工小王給她出了一個主意，即從改變自己做起：每天丈夫回家給他一個微笑，不再追問他每天去哪裡，不再查他的短信、微信和通話記錄，有空閒時去美容院好好休整自己或者去街道唱歌跳舞。說來奇怪，張嬸的改變先是引起了張叔的好奇，進而讓張叔感動。在他們結婚紀念日那天，張叔看著妻子精心準備的禮物和過去恩愛時的老照片流淚了。他和妻子重歸於好了。雙方都非常珍視這段失而復得的感情。

俗話說，「將心比心」就是這個理兒。

（三）學會溝通技巧，享受人際交往的快樂

人們要適應社會生活離不開人際交往，而人際交往成功的秘訣在於有效的溝通。溝通，是指人與人之間、人與群體之間思想與感情傳遞和反饋的過程。溝通的目的是使個體擁有更強的社會適應性。人類的溝通是建立在語言和邏輯思維基礎之上的。話沒說好常常會造成誤會，誤會實際上就是一種溝通障礙。消除溝通障礙需要一定的邏輯技巧和語言技巧。

1. 運用邏輯推理，以理服人

如上例中小王對張嬸與老公冷戰的調解就包含了一個邏輯推理。小王要勸導張嬸把心放寬、眼光看遠、求大同存小異，通過改變自己而改善自己的生存環境，就必須通過推理讓她信服，這樣做對她有好處。

推理（1）要麼繼續冷戰，要麼努力做出改變。
如果繼續冷戰，自己痛苦家人也受罪。
所以，如果不想自己痛苦家人受罪，就應當盡早結束冷戰。
（2）要想結束冷戰，或者自己努力，或者寄希望於對方努力。
俗話說，求人不如求自己。
所以，要想結束冷戰，自己努力比寄希望於對方努力更容易成功。

（2）排除語詞歧義，避免無意識傷人

【案例 74】一句「非常簡單」為什麼會得罪人？

十年前，計算機還不像現今這樣普及，許多中學老師都不會使用 PPT 做課件。為了普及電化教育，校長請計算機專業畢業的小李老師為其他科任老師做培訓。由於小李老師很年輕，沒什麼教學經驗，在培訓時講得很快，還不停地冒出口頭禪——「非常簡單」。小李的本意是想鼓勵初學者。所以他總是一邊演示一邊說，「這是個『傻瓜』軟件，非常簡單，你只要握住鼠標，根據系統提示，『下一步』『下一步』就 Ok 了」。沒想到，下課後，部分科任老師認為小李歧視老教師，到領導那裡投訴。這讓小李覺得好冤。

原來，部分科任老師把自己理解的「傻瓜」與小李所說的「傻瓜軟件」混為一談了。前者表示「愚笨」，後者表示「容易使用」，根本不是一回事。但是在當時的情境下（學生沒學會），「傻瓜軟件」就成了笨人的代名詞。

在這個案例中，科任老師和小李對「傻瓜」的不同理解，是一詞多義造成的。漢語中的多義詞都有其約定俗成的意義，一般不會發生問題，但是在特殊情況下會發生歧義。如本例中的培訓課，雖然小李強調程序非常簡單，可是學生費了很大勁兒都沒有學會，這時候再聽到「傻瓜軟件」幾個字就會覺得非常刺耳。所以，當溝通中出現交往對象反感的情況時，要考慮語詞歧義問題，及時做出解釋，消除誤會。

(3) 發現思維中的隱含推理，增強同理心

同理心又叫作換位思考或共情，即設身處地對他人的情緒和情感的認知性的覺知、把握和理解。有同理心的人在人際交往過程中能夠體會他人的情緒和想法，理解他人的立場和感受，並站在他人的角度思考和處理問題。因此，有同理心的人更受歡迎，更易溝通。

同理心是情商的一個重要組成部分。有同理心的人通常善於察覺他人的情緒變化，並且能用得體的方式去回應、關心對方的情緒變化。邏輯思維訓練有助於個體瞭解其交往對象的潛意識中的推理過程，及時做出解釋消除誤會。

如上例「傻瓜軟件」事件中，參加培訓的科任老師之所以會對小李有意見，是因為他們頭腦裡就有個潛在的推理。

> 小李：這個程序是個「傻瓜程序」，非常簡單！
> 科任老師的理解：
> 所有「不是傻瓜」的人都會覺得這個軟件非常簡單。
> 如果你覺得很難，學了半天還是沒學會，
> 那麼，你就是個傻瓜。

科任老師從小李老師的話中得出這樣的結論能不生氣嗎?

在實際交往過程中，每一個具備邏輯推理能力的成年人都會自覺或不自覺地進行隱含推理，以判斷面前的情境是否對自己有利，再針對情景做出相應的行為選擇。

曾有一個相聲叫《不會說話》，說的是20世紀物質匱乏的70年代，一位老大爺請三個朋友到餐館吃飯時鬧的笑話。約定的時間已經過了，還有一個朋友沒有來，老大爺有點著急，站在門口一邊張望一邊嘀咕「這該來的怎麼還沒有來啊!」不曾想，這話讓在座的一位朋友生氣了，他站起來就走。大爺更急了，說「這不該走的怎麼走了呢!」沒想到這話一出口又氣走了另一位在場的朋友。

大爺的話之所以會氣走朋友，是因為從「該來的沒有來」可以推出「來了的是不應該來的」；從「不該走的走了」可以推出「應該走的沒有走」，大爺這樣說話怎麼能不讓人誤解呢?

成年人經過多年的日常語言訓練已經形成了一套固有的推理模式，也就是我們所說的邏輯結構。

假設「該來的」為A，「不該來的」為非A；「不應該走的」為B，「應該走的」為非B，則大爺的話隱含推理：

A是B（<u>推出</u>）A不是非B（<u>推出</u>）非B不是A（<u>推出</u>）非B是非A。

即朋友可以從大爺的話「該來的沒有來」（A是B）推出（非B是非A），即「來了的是不該來的」，那他們能不生氣嗎?同理，在「傻瓜軟件」案例中，被培訓者在當時的情境中產生「我很笨」的想法也是很自然的。大家本來就因為小李老師講得太快沒有理解，他還在這個節骨眼上說「傻瓜軟件」，很容易讓人產生聯想，得出隱含的結論，繼而產生情緒反應——生氣。

如果小李有足夠的邏輯直覺，那麼在說出「傻瓜軟件」這個詞時，他就能從他的學生的面部表情察覺到他們的誤解，就可以及時做出解釋，站在交往對象的立場上對「傻瓜軟件」做個說明，就能避免誤會加深。

(4) 同理心處事，站在對方的立場，做對方看重的事

同理心要求我們在人際交往出現問題時設身處地為交往對象著想，站在對方立場上，做對方看重的事情，尤其是在發生衝突和誤解時。如果我們能夠將心比心，把自己放在對方的處境中，盡量瞭解並重視他人的想法，就比較容易找到解決問題的方法，進而求同存異、消除誤會。

【案例 75】因為酷愛旅行，吉米是短租平臺的常客，繼而又成了短租平臺的商戶。因為常在租客和商戶兩個角色間轉換，具有同理心的吉米特別能理解對方的立場，經常用同理心解決衝突。

暑假去海陵島旅行時，他花了 480 元在短租平臺上訂了一套民宿。原以為這麼高價格房子的設施應當很好，沒想到是超乎想像的簡陋。不僅如此，房間裡還彌漫著一股難聞的異味。他很失望，大發脾氣，當即要求退房。見他堅持退房，那個接待他的小伙子急得都要哭了，說我們就靠週末賺點錢，平時都是空著的，你這時候退房叫我租給誰呀！一番話引發了他的同理心，想著自己做房東的難處，他能夠體諒這年輕人的不易。於是，他撤回退房申請，只是要求再做一下保潔。兩人握手言歡，成了「同一戰壕的戰友」。

回到自己所在的城市後，吉米遇到了類似的情況。那天不太湊巧，前面的客人在房內吸菸把房間裡弄得味道很大，退房時又磨磨嘰嘰拖延了一個小時。結果吉米還沒收拾完房間，後面的客人就到了。恰巧這個客人又特別挑剔，因為他要帶在外地工作的女朋友過來住。他怕女朋友嫌屋裡有菸味生氣，便以女友聞不得菸味為由要求退房。

這個時候退房，當天多半租不出去了。為避免客戶違約給房東造成損失，短租平臺一般會自動扣減客戶的押金。但是想到自己在海陵島的遭遇，吉米能理解租客的為難之處，決定全額退款。雖然這個決策讓吉米損失了一天的租金，但避免了房客因不滿意而投訴或「差評」帶來的聲譽損失。

在日常交往中因觀點立場不同很容易引起的矛盾，如果用同理心處理就可以避免很多衝突，尤其是與孩子交往時更是如此。孩子看問題的角度肯定和大人不同，如果父母和老師能夠用同理心來對待孩子，站在孩子的立場上，用孩子心去感受他的內心世界，從孩子的處境體察他的思想行為，體悟他的內心感受，就會避免因代溝造成的教育衝突。

【案例 76】莉莉對著鏡子，拿著媽媽的唇膏在自己的臉上認真地塗抹。儘管把自己弄成了一個大花臉，她還是興致盎然。媽媽進屋發現自己花幾百元買的進口唇膏被用掉了一半，心裡著實生氣。可是孩子並不知道唇膏的價值，她只是好奇而已。想到這裡，媽媽沒有批評孩子，而是拉著她的小手讓她坐下，為她畫了一個漂亮的「萌寶妝」。完後才告訴女兒，化妝是個技術活兒，你要學好了畫畫才能畫得漂亮。不然亂塗一氣，浪費了東西還把自己的臉弄臟了，多不好。

這位母親站在孩子的立場上，以同理心體會孩子的好奇心和完美之心，不僅讓孩子明白了自己這樣做不好，還鼓勵孩子認真學習畫畫。

（四）規則意識對個體社會適應性的影響

中國有句古話，叫作「不成規矩無以成方圓」，說的就是人生在世需要規則制衡，「有條」則「不紊」，「有軌」才會減少「越軌」行為。對於一個國家來說，社會秩序的重要意義是一個無須證明的問題，尤其是在組織架構日益複雜化的當代社會更是如此。建立社會秩序的需要有相對穩定的規則，這就是法律、紀律和道德。所謂國有國法、黨有黨紀、校有校規就是這個道理。人類社會是一個利益合作體系，規則能讓人們知道什麼事是可以做的，什麼事是不能做的，從而使每個人的利益最大化。

但是由於人的動物性，有趨利避害的本能，自私自利，「有好處就上，有危害就躲」成了人的本能行為。這種本能是人類與生俱來的一種自然屬性，如荀子所說，「凡性者，天之就也，不可學，不可事……」[①] 據此，荀子提出了「性惡」論的觀點，認為「人之性惡，其善者僞也」，還提出

① 引自《荀子・性惡》。

「禮義者，聖人之所生也，人之所學而能，所事而成者也。……可學而能，可事而成之在人者，謂之僞，是性僞之分也。」也就是說，「善」是後天環境和教化學習的結果。

人們之所以要學習社會規則，目的是為了更好地適應社會，以避免「越軌」（即超越正常生活軌道）引起的處罰。

越軌行為包括刑事犯罪、違法行為、違德（違反道德）行為、違紀行為和違俗行為（違反習俗）等。其中刑事犯罪、違法和違紀行為是要受到相應的處罰的，違德和違俗，則會受到輿論的譴責。無論是處罰還是譴責都會給個體生存帶來困擾。因此，正常的家庭教育都會讓兒童在上幼兒園之前學會不在公共場合大聲喧嘩、不隨地大小便、遵守紀律、不遲到早退、不浪費糧食等規則。這些規則經過長時間的教化變成個體的信念和行為模式。所以，一個正常成長的孩子會把守法遵紀、守德當作自然而然的事情。他（她）不會因為受規則約束而感到不自在。相反，那些社會化過程缺失、規則意識不強的孩子則會在學校生活中感到不適應。

因此，培養孩子的規則意識對於增強其社會適應性的意義重大。有規則意識就會敬畏規則，敬畏規則就會激發人學習規則、認識規則、自覺遵守規則的動力。

【案例 77】麗莎帶著 4 歲的女兒參加自駕遊，途中經常會見到因為擦剮或者撞擊而損壞的車輛。當孩子問這些車輛為什麼會發生碰撞時，麗莎趁機告訴孩子，這都是超速惹的禍。高速路行駛有交通規則，轉彎和上下坡等危險路段都有限速規定。

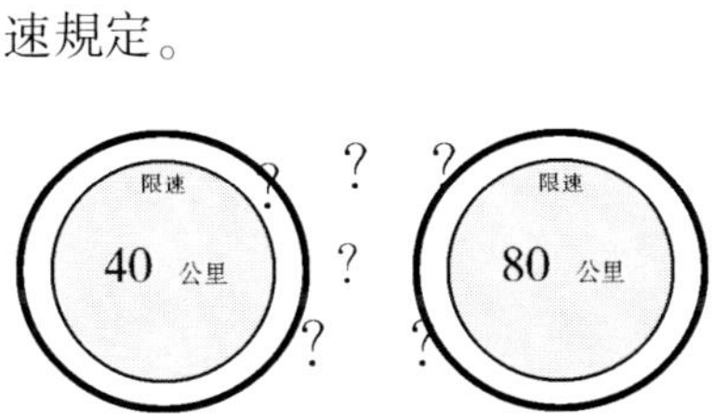

限速的目的是防止司機因車速過快遇到緊急情況剎不住車，發生交通事故。所以，高速管理部門會根據不同路段的路況規定限速的標準，如危險路段限速 40～80 千米/小時，普通路段限速 120 千米/小時。

在高速路行駛時如果每個司機都遵守交通規則，就能避免或減少交通事故。同樣，在社會生活中，如果每個人都遵守法律和道德規範，就會減少人與人之間的衝突，降低人際交往中的「失信成本」。

【案例 78】很多短租平臺都規定，如果房客在當日 12 點前取消訂單可以全額退款，但超過 12 點就要扣違約金。關於違約條款的設置是為了提高房客的「失信成本」，減少房東因房客違約造成的損失。房客下單付款後，實際上是和房東之間形成了一個契約，房東有為房客留房的義務並會因此失去獲得其他訂單的機會。因此，如果因房客原因取消訂單房客就要承擔一定的違約金。這樣才能保證雙方利益的均衡，同時在客觀上降低違約的概率。

培養孩子的規則意識還能幫助孩子正確認識競爭，減少因競爭壓力引發的心理問題。

【案例 79】林新在家裡和孩子對弈，第一盤他故意輸給孩子，孩子很開心；第二盤孩子輸了，不服氣鬧著要悔棋重來。林新趁機告訴他，如果每個人都不遵守下棋規則隨意悔棋，這下棋就沒有公平可言。如果人人都遵守規則，那麼別人可以憑本事贏了你；你同樣可以憑本事贏了他。

廣義的規則還包括習俗。如年輕人什麼時候結婚，什麼時候生孩子。規則意識不僅能促使孩子遵紀守法，還能促使孩子有意識地尊重習俗，沿著正常的社會軌道規劃自己的未來，比如說中學畢業後接受高等教育。常常會見到一些成績不好的學生輕易放棄復讀或升學的機會，當他們真正進入社會後又感到後悔。雖然他們可以通過其他教育途徑彌補遺憾，但是社會對其他教育途徑文憑的不認可可能會成為他們永遠的「痛」。

當然，即使孩子的一生都按照正常的人生軌跡完成，其間也會遇到波折，但是該讀書的時候努力讀書，該工作的時候努力工作，該戀愛的年齡好好找對象結婚……就會避免很多不必要的波折。雖然挫折不可避免，但是減少不必要的波折會讓我們騰出更多的時間做更有意義的事情。

（五）情商、幸福力與社會境遇的改善

情商又被稱為情感智商或者情緒商數，簡稱 EQ，特指人在情緒、情感、意志、耐受挫折等方面的品質。情商主要包括五種情緒管理能力：自我認識、自我激勵、自我控制、認知他人情緒和處理相互關係能力。

【案例 80】20 世紀 80 年代中期，美國心理學家馬丁・塞利格曼在研究保險銷售員的業績時發現，樂觀的人比悲觀的人的業績要高出許多。測試之後他得出結論：樂觀主義者在失敗時會把原因歸於某種可以改變的原因，如推銷方式不對、自己不夠努力等；而悲觀主義者會把失敗的原因歸於某種不可改變的原因，如自己不具備銷售才能，客戶可能對產品沒有興趣等。因此，樂觀主義者會努力改變現狀，爭取成功。

雖然一個人的家庭出身、相貌身材、智力體質等先天境遇是不以個人意志為轉移的，但是學歷、職位、成就等後天境遇卻與人的情商密切相關。有研究表明，相對於家境優越者，出身貧寒者的情商更高。因為他們更能吃苦耐勞，更能委曲求全，更願意全力以赴。因此，在同等條件下，一個學校裡發展最好的畢業生往往是家境較貧寒的學生。

這是因為高情商者具有較強的自我認知、自我激勵和自我控制能力。他們既不會狂妄自大也不會妄自菲薄，在任何艱難困苦的條件下都能百折不回，靠意志和努力走出生命的低谷。他們是對自己負責、對國家負責、對社會負責的人，善於為他人著想，善於處理複雜的人際關係。因此，他們更能抓住上升的機遇，讓自己的境遇得到改善。

一個人的事業和成就離不開天時、地利、人和。高情商的人恰恰更善於抓住天時、地利、人和，從而使自己的事業更順利。

所謂「天時」即抓住有利時機。情商高者普遍具備較強的自我實現的願望。他們總是不滿足於現有的成就、不斷進取。因此，他們會比別人更容易發現機遇，更能抓住有利時機發展和改善自己的境遇。

【案例 81】曾多次入選「胡潤中國富豪排行榜」的著名建川博物館創始人樊建川曾下過鄉、當過兵、任過教、做過官，現在他有著企業家和收藏家的雙重身分。作為企業家，樊建川擔任建川房屋開發有限公司董事長，該公司於 2003 年躋身「四川房產綜合效益十強」；作為收藏家，樊建川歷時 30 載，斥資 2 億多元，擁有了 800 多萬件藏品，其中 91 件定為國家一級文物。

1993年，樊建川為收藏而辭官經商。當時，他已經是宜賓市常務副市長。在這樣的位置上，他毅然辭去官職從頭開始。他若沒有強烈的「自我實現」願望是做不到的。雖然他當時的想法很簡單，就是「賺更多的錢，購買收藏品」，幸運的是他恰恰趕上了小平同志南方談話後，中國市場經濟大發展的好時機。這使他不僅實現了自己的收藏夢而且成了成功的企業家。

所謂「地利」即利用環境和條件去實現自己的目標。成就任何事業都需要環境和條件，「知己知彼，百戰不殆」。高情商者有較強的自我認知能力和對環境的敏感性，懂得以己之長進行博弈，因而他們總能實現他人看來不可能實現的目標。

【案例82】摩拜共享單車的創始人胡瑋煒在某次公開演講中這樣提到她創辦摩拜單車的初衷。有次我在杭州，湖邊步道交錯，特別適合騎行。我想租一輛公共單車，可是琢磨半天，要去辦卡，驗證身分，要交押金，需要經過一系列的手續才有辦法拿到單車。她當時就覺得，互聯網發展到現在，難道不是應該平等、便利、共享，哪怕我在地球另一端要輛單車也能實現嗎？胡瑋煒創辦摩拜是希望通過技術創新結合新型商業模式，尋找解決城市出現「最後一千米」難題的有效途徑。

這個情商極高的80後從一次普通的西湖遊覽中獲得靈感，緊緊抓住「最後一千米」的市場需求，用實心輪胎、軸承傳動、內置芯片和GPS等領先技術解決了共享單車保養、維護定位等難題。摩拜單車迅速風靡全國。到2017年9月，其活躍用戶已達1,838萬人。作為全球第一個智能共享單車項目，摩拜在一年多的時間就獲得D輪融資，累計融資額已超過3億美元。

所謂「人和」，即具有良好的人際關係和堅實的群眾基礎。俗話說，「眾人拾柴火焰高」「一個好漢三人幫」。要成就大事業只有團結協作、齊心協力才能取得最終的成功。這是因為，不論是打仗還是做行銷，團隊的士氣非常重要。士氣高我們就能以少勝多，以弱克強；如果團隊缺乏士氣，就很容易不戰而敗。而高情商者都具有很強的同理心，善於站在對方的角度看問題，能設身處地地為他人著想，因此，他們很容易獲得群眾的支持。

【案例 83】華為，1987 年創立於深圳，最初是香港一家生產用戶交換機（PBX）的公司的銷售代理商。短短 30 年，華為就從一個交換機銷售代理公司發展成為一家全球公司。到 2016 年，華為已經獲得了 170 多個「雲化」商用合同；其「VoLTE」和「VoWiFi」解決方案累計服務於全球 110 張網絡；數字業務「雲服務」平臺累計引入超過 4,000 家合作夥伴。

華為所取得的成就與其人才策略是分不開的。首先，華為與全球逾百所高校及研究機構合作，合作者中包括 2 位諾貝爾獎獲得者、100 多位院士和數千名學者。其次，華為堅持「財散人聚」的理念，建立了廣泛的利益分享機制。對內，創始人任正非只留了 1.4%的股份，其餘分享給了員工；對產業鏈「深淘灘，低作堰」，讓利給客戶和供應商。華為還希望建立一個開放共贏的 ICT 生態圈，共同做大產業、做大蛋糕，但華為只取 1%，其餘的都留給廣大的合作夥伴們。正是因為華為舍得讓利於員工、讓利於客戶，幾乎其所有的合作者都對公司心存感激，忠心耿耿，形成了萬眾一心的局面。這樣還有什麼困難不能克服？

因此，情商高的人其社會境遇容易得到改善，其自我需求容易得到滿足，因而情商和個人的幸福力成正比。情商越高，其獲得幸福的能力越強，其社會層次越高。

國家圖書館出版品預行編目（CIP）資料

提升幸福力,幸福常相隨：邏輯思維開啟你的幸福之門 / 胡曉萍 主編. -- 第一版. -- 臺北市：崧博出版：崧燁文化發行, 2019.05 面；　公分 POD版 ISBN 978-957-735-808-0(平裝) 1.成功法 2.生活指導 177.2　　　　　　　　　　　　108005757

書　　名：提升幸福力，幸福常相隨：邏輯思維開啟你的幸福之門

作　　者：胡曉萍 主編

發 行 人：黃振庭

出 版 者：崧博出版事業有限公司

發 行 者：崧燁文化事業有限公司

E-mail：sonbookservice@gmail.com

粉 絲 頁：　　　網 址：

地　　址：台北市中正區重慶南路一段六十一號八樓 815 室

8F.-815, No.61, Sec. 1, Chongqing S. Rd., Zhongzheng

Dist., Taipei City 100, Taiwan (R.O.C.)

電　　話：(02)2370-3310 傳　真：(02) 2370-3210

總 經 銷：紅螞蟻圖書有限公司

地　　址: 台北市內湖區舊宗路二段 121 巷 19 號

電　　話:02-2795-3656 傳真 :02-2795-4100　　網址：

印　　刷：京峯彩色印刷有限公司（京峰數位）

定　　價：299元

發行日期：2019 年 05 月第一版

◎ 本書以 POD 印製發行